◎ 国家社科基金项目"乡村振兴背景下南疆社会治理体系重构研究"（项目编号：20BMZ015）

◎ "天山英才"培养计划哲学社会科学人才和新疆文化名家项目资助（项目编号：2024QNYC001）

乡村振兴背景下新型农村集体经济发展研究

李 婷 著

Research on the Development of
New Rural Collective Economy under the
Background of Rural Revitalization

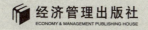

经济管理出版社
ECONOMY & MANAGEMENT PUBLISHING HOUSE

图书在版编目（CIP）数据

乡村振兴背景下新型农村集体经济发展研究 / 李婷
著. -- 北京 ： 经济管理出版社，2025. 7. -- ISBN 978-
7-5243-0392-3

Ⅰ . F321. 32

中国国家版本馆 CIP 数据核字第 2025L03C63 号

组稿编辑：郭　飞
责任编辑：郭　飞
责任印制：许　艳
责任校对：陈　颖

出版发行：经济管理出版社
　　　　　（北京市海淀区北蜂窝 8 号中雅大厦 A 座 11 层　100038）
网　　　址：www. E-mp. com. cn
电　　　话：(010) 51915602
印　　　刷：北京飞帆印刷有限公司
经　　　销：新华书店
开　　　本：720mm×1000mm/16
印　　　张：14. 25
字　　　数：219 千字
版　　　次：2025 年 7 月第 1 版　　2025 年 7 月第 1 次印刷
书　　　号：ISBN 978-7-5243-0392-3
定　　　价：88. 00 元

前　言

　　新疆资源禀赋得天独厚，是政策资源叠加区，集聚了多种政策资源，赋能新疆新型农村集体经济高质量发展。因此，新疆发展新型农村集体经济具有多种政策福利和农业资源，但同时又面临新的挑战，如何发挥新型农村集体经济发展来整合资源，实现效益最大化成为关键。为了更好地了解新疆新型农村集体经济的发展现状和优化路径，以如下问题为导向进一步展开分析：新疆新型农村集体经济的发展现状如何以及取得什么样的成效？新疆新型农村集体经济的发展内在逻辑是什么？新疆新型农村集体经济发展面临的主要现实问题有哪些？参与新疆新型农村集体经济发展的多元主体的演化行为存在什么特征？农户参与新疆新型农村集体经济发展的主要影响因素有哪些？存在怎样的影响？为此，厘清上述问题将有助于保障和提升新疆新型农村集体经济发展的资源投入效率，推进新疆农村经济高质量发展，增强农民群众的获得感、幸福感、安全感。

　　基于上述背景，本书将通过总结相关文献综述，并将研究不足之处作为切入点，即现有研究主要集中于宏观层面，而以微观主体为载体分析新型农村集体经济发展多元参与主体的互动行为的研究较少，并未对新型农村集体经济与乡村社会发展进行关联性、互动性阐述，尤其是论述新型农村集体经济与乡村振兴的逻辑关系的文献十分匮乏，许多学者选取东部地区农村为案例，而西部地区村级集体经济发展相对滞后的现实使其相关研究较为匮乏，尤其对新疆农村集体经济关注较少，为此，从上述角度展开研究。具体而言，首先，界定农村集体经济、新型农村集体经济内涵，梳理了相关理论，如所有制思想理论、农村合作经济思想理论等。其次，梳理新型农村集体经济发展的历史脉络，分析中国及其新疆的新型农村集体经济的发展基础和所取得成效，并进一步对新疆新型农村集体经济发展的主要模式进行总结。再次，在乡村振兴的背景下阐述了新疆新型农村集体经济发展的内在逻辑，并分析了现阶段主要面临的问题。基于上述理论和现状，构建对应模型并进行实证分析。一是构建四方演化博弈模型并进行仿真模拟分析。四方演化博弈主要涉及新疆地方政府、涉农企业、新型农村集体经济组织和农户，其演化博弈的背后逻辑是各主体均出于实现自身效益最大化进行博弈来影响其参与行为，仿真模拟则是依据上述模型，对关键参数进行赋值模拟，以观测其演化轨迹。二是构建二元 Logistics 回归模型及结构方程对影响农户参与新型农村集体经济的意愿和机制进行中介效用实证分析。最后，深入剖析新疆新型农村集体经济发展的典型案例，案例分析主要是辅以现实情况进行举证，并尝试挖掘其推广价值。

在上述理论和实证基础上得出以下结论：

第一，就新疆新型农村集体经济发展现状而言：一是新型农村集体经济经历了四个历史发展阶段，即萌芽阶段、形成阶段、突破阶段和拓展阶段。二是新疆依据自身优势在新型农村集体经济发展取得如下成效：农村集体产权制度改革全面完成，典型经验不断涌现；农村集体"三资"管理机制更加健全，运行更加规范；农村集体经济财政投入显著增强，探索途径日趋多元；健全奖惩机制，考核激励驱动，树立鲜明导向，加强实施监管；新疆各地坚持规划先行，因村制宜，审慎确定扶持对象。三是新疆新型农村集体经济的主要模式为资源开发模式、资产盘活模式、土地运营模式、实体带动模式、项目带动模式以及股份合作模式。四是发展新型农村集体经济成效显著。经济效益上，助力低收入户增收，农村经济水平提升，村集体经济实力显著增强；社会效益上，乡村治理更加有序。

第二，就新疆新型农村集体经济发展面临的现实问题分析而言，现阶段，新疆新型农村集体经济发展最突出的问题是：创新发展动力不足；发展集体经济的经营人才不够优秀；政策体系尚不健全；农村集体经济组织运行管理不规范；农村集体"三资"监管手段水平不高；农村资产财产功能未有效发挥，收益分配不合理；集体经济参与主体松散，难以形成组织化经营管理；农村资源固化，生产效率较低；农业产业化程度低，内生合力不足；资源禀赋与区域发展模式失衡，投入产出效益低；农户参与度不足，获得感与幸福感低；执行准则不明确，资产缺乏有效监管等问题。

第三，就新疆新型农村经济多元参与主体的演化博弈及其仿真分析而言，增加地方政府对涉农企业、新型农村集体经济组织和农户的补贴可以激励它们更倾向于采取积极策略，提高其积极性。然而，随着补贴水平的提高，对积极策略选择的促进效果呈现边际递减趋势。当补贴达到一定程度时，其影响逐渐减弱，表现为地方政府选择积极策略的概率变小。此外，地方政府的执行力度、新型农村集体经济组织的参与程度以及涉农企业和新型农村集体经济组织的收益系数等因素也会影响农村经济发展。提高监管力度和参与程度可加快涉农企业选择参与策略的速度，有利于系统向理想状态演化。

第四，就影响新疆农户参与新型农村集体经济行为意愿的影响因素实证而言，农业生产规模的增长促进了参与意愿，而非务农收入的增加则减弱了参与意愿。农户对融资认知度的提升也对参与意愿产生显著影响。农户对新疆新型农村集体经济发展的了解程度越高，越容易参与其中；参与成本越低，参与意愿越强；合作组织越多，也会正向影响参与意愿。这些发现为农村发展战略的制定和新型农村集体经济发展模式的设计提供了重要的参考，强调了对不同类型农户的差异化策略的需求。

第五，就新疆新型农村集体经济的典型案例分析而言，新疆新型农村集体经济发展得比较好的例子有奇台县半截沟镇腰站子村发展新型农村集体经济、博湖县发展壮大村级集体经济、塔城地区发展新型农村集体经济以及鄯善县探索农村集体经济发展，这几个地区的新型农村集体经济发展水平较高，得益于各自的资源禀赋和管理水平，且各自具有相互借鉴的优势，也具有推广的普适意义和价值。

第六，就新疆新型农村集体经济的典型案例而言，对策建议是：优化顶层设计，构建党建引领的统筹带动机制；积极探索发展壮大集体经济；夯实壮大村级集体经济的人才基础；优化完善政策支持；加强农村集体经济组织规范运行；规范"三资"管理，盘活农村资源要素；抓住产权改革契机，不断发展壮大村集体经济；因地制宜，多措并举壮大集体经济推动农民参与，均衡各参与主体利益分配；合理分配新疆地方政府补贴资金；激励新疆地方政府加大对新型农村集体经济体制发展的监管力度；通过发展新型农村集体经济，提升涉农企业的收益，增加新疆新型农村集体经济组织的收益，推动其壮大农村集体经济发展。

目　录

第1章　绪论……………………………………………………………… 1

1.1　问题的提出 ………………………………………………………… 1

1.2　研究意义 …………………………………………………………… 3

1.3　研究现状 …………………………………………………………… 5

1.4　研究述评 …………………………………………………………… 15

1.5　研究创新 …………………………………………………………… 16

1.6　研究方法与数据来源 ……………………………………………… 18

1.7　研究内容与技术路线 ……………………………………………… 20

第2章　理论基础与概念界定 ………………………………………… 24

2.1　理论基础 …………………………………………………………… 24

2.2　概念界定 …………………………………………………………… 29

2.3　本章小结 …………………………………………………………… 34

第3章　新疆新型农村集体经济发展现状 ………………………… 35

3.1　新型农村集体经济发展历史及发展脉络………………………… 35

3.2　新型农村集体经济发展基础 ……………………………………… 39

3.3　新疆新型农村集体经济主要模式………………………………… 45

3.4 新疆新型农村集体经济取得成效 ·············· 51

3.5 本章小结 ·············· 55

第4章 乡村振兴背景下新疆新型农村集体经济发展的内在逻辑 ········ 56

4.1 新型农村集体经济有助于农村巩固社会主义制度 ·········· 56

4.2 新型农村集体经济推进乡村振兴战略全面发展 ·········· 58

4.3 新型农村集体经济引领农村实现共同富裕重要途径 ·········· 61

4.4 本章小结 ·············· 65

第5章 新疆新型农村集体经济发展现实面临的问题 ·············· 66

5.1 农村集体经济创新发展动力不足 ·············· 66

5.2 农村集体经济发展人才匮乏 ·············· 67

5.3 农村集体经济政策体系尚不健全 ·············· 68

5.4 农村集体经济组织运行管理不规范 ·············· 69

5.5 农村集体"三资"监管手段水平低 ·············· 70

5.6 农村资产收益分配不合理 ·············· 71

5.7 农村集体经济参与主体松散 ·············· 72

5.8 农村集体经济资源固化 ·············· 72

5.9 农村农业产业化程度低 ·············· 73

5.10 农村资源禀赋与区域发展模式失衡 ·············· 74

5.11 农村集体经济农户参与度不足 ·············· 74

5.12 本章小结 ·············· 75

第6章 新疆新型农村集体经济发展的微观参与主体行为演化博弈分析 ·············· 76

6.1 参与主体行为演化博弈理论机制分析 ·············· 76

6.2 参与主体行为演化博弈关系与模型构建 ·············· 84

6.3 参与主体行为演化博弈均衡策略分析 ·············· 90

6.4　参与主体行为演化博弈模型求解 ················· 91

6.5　参与主体行为演化博弈策略稳定性分析 ············· 92

6.6　参与主体行为演化博弈结果稳定性条件分析········· 93

6.7　参与主体行为演化博弈仿真分析 ················· 96

6.8　本章小结 ·································· 120

第7章　新疆农户参与新型农村集体经济发展的意愿与行为分析 ······ 122

7.1　调研基本情况与数据来源 ················· 123

7.2　农户参与新型农村集体经济发展意愿分析 ············· 131

7.3　农户参与新型农村集体经济发展影响因素分析 ········· 152

7.4　本章小结 ·································· 167

第8章　新疆新型农村集体经济发展的典型案例分析·················· 168

8.1　奇台县新型农村集体发展经济典型案例分析 ············· 168

8.2　博湖县新型农村集体经济发展典型案例分析 ············· 173

8.3　鄯善县新型农村集体经济发展典型案例分析 ············· 178

8.4　塔城地区新型农村集体经济发展典型案例分析 ············· 182

8.5　本章小结 ·································· 187

第9章　研究结论、提升路径与研究展望················· 188

9.1　研究结论 ·································· 188

9.2　提升路径 ·································· 190

9.3　研究展望 ·································· 199

参考文献 ·· 201

第1章　绪论

1.1　问题的提出

推进农业农村现代化是全面建设社会主义现代化国家的重大任务，是解决发展不平衡、不充分问题的重要举措，是推动农业农村高质量发展的必然选择。农村集体经济强调以农村集体经济组织成员利益为核心，密切联系乡村振兴利益主体，主要以农村经营主体间的多样化合作经济模式存在，是社会主义公有制的重要形式。随着中国经济社会不断发展，农村生产经营方式正在持续变革，而新型农村集体经济的蓬勃发展正是这种变革的一种趋势。新型农村集体经济是一种坚持社会主义方向，适应市场经济要求，以壮大集体利益为基本原则，进行财产联合或者劳动联合，实行共同经营、民主管理、利益共享的经济组织和经营方式。无论是政策界还是理论界，都已经开始认识到新型农村集体经济对新发展阶段农村农业发展的重要意义，意识到新型农村集体经济对实施乡村振兴战略的现实价值。

自党的十八大以来，中共中央、国务院和各部门不断加强和完善农村集体经济的制度建设，支持、指导和规范农村集体经济发展。2017 年，党的十九大提出实施乡村振兴战略，将"壮大集体经济"作为实施乡村振兴战略的重要内容。随着脱贫攻坚战取得全面胜利，我国迎来了由"脱贫攻坚"向"乡村振兴"的历史性重大转变。在这一重大历史节点，2020年，党的十九届五中全会将"乡村振兴战略全面推进"作为"十四五"时期经济社会发展主要目标之一，并将"发展新型农村集体经济"作为全面推进乡村振兴的重要内容。2022年第7期《求是》发表了习近平总书记在2020年底召开的中央农村工作会议上的讲话，习近平总书记在会上明确指出要发展壮大新型农村集体经济。2022年中央一号文件再次明确提出巩固提升农村集体产权制度改革成果，探索建立农村集体资产监督管理服务体系，探索新型农村集体经济发展路径。党的二十大报告对全面推进乡村振兴进行部署，强调巩固和完善农村基本经营制度，发展新型农村集体经济，发展新型农业经营主体和社会化服务，发展农业适度规模经营。2023年4月，习近平总书记在广东考察时强调，加快构建现代乡村产业体系，发展新型农村集体经济，深入实施乡村建设行动，促进共同富裕。关于新型农村集体经济的基本内涵和发展途径，2023年中央一号文件进一步明确了新型农村集体经济是什么样、怎么发展，指出构建产权关系明晰、治理架构科学、经营方式稳健、收益分配合理的运行机制，探索资源发包、物业出租、居间服务、资产参股等多样化途径发展新型农村集体经济。

发展和壮大新型农村集体经济是走好中国特色社会主义乡村道路的重要一步，也是推动农村经济高质量发展的基础。如果说全面推进乡村振兴是党在农村为促进发展、实现共同富裕所实施的重大战略，那么发展新型农村集体经济就是实现这一战略的主要举措。发展新型农村集体经济，意在解决农业"短腿"和农村"短板"。随着我国进入中国特色社会主义新时代，农村经济社会发展的内外部环境均发生了深刻变化，要想实现"农业强、农村美、农民富"的目标，就需要解决好当前农村经济发展面临的主要问题。在乡村振兴背景下，发展新型农村集体经济有助于突破我国农村经济发展质量不高面临的现实问题。现阶段，农业在我国现代化建设过程中还属于薄弱环节，农村经济社会发展水平还相对较低，客观上要求从国家发展的全局考虑，紧扣农村经济社会发展的现实需要，通过发展和壮大新型农村集体经济，解决农业农村的"短板""短腿"问题。因此系统谋划、因地制宜探索发展新型农村集体经济的有效路径，推动新型农村集体经济在新征程上不断壮大，是事业发展的需要，是全面推进乡村振兴的重要议题，对推动农民持续增收、保障和改善农村民生、实现农业现代化等具有重要意义。

基于上述分析，本书将以如下问题展开探索：第一，新疆新型农村集体经济的发展现状如何以及取得什么样的成效？第二，新疆新型农村集体经济的发展内在逻辑是什么？第三，新疆新型农村集体经济的发展面临的主要现实问题有哪些？第四，参与新疆新型农村集体经济发展的多元主体的演化行为存在什么特征？第五，农户参与新疆新型农村集体经济发展的主要影响因素有哪些？存在怎样的影响？下文将以上述问题为导向进行分析，最终梳理新型农村集体经济发展的现状、模式、面临的问题、行为等，并提出优化路径推进新疆新型农村集体经济高质量可持续发展。

1.2　研究意义

农村集体经济是社会主义公有制经济的重要形式。在 1931 年，"农村集体经济"一词就已经出现在中国共产党的重要文献中。1953 年 2 月 15 日，中央正式颁布关于农业生产互助合作的决议，推动了农业互助合作运动的发展。1958 年，在农村集体化进程中人民公社集中经营型实现形式出现，它以生产资料集体所有制为基础，以大规模生产为特征，组织形式不仅包含农村集体经济组织，也是"政社合一"的基层政权组织，实行高度集中的计划生产经营模式。1980

年，邓小平同志明确指出，总的方向是发展集体经济，引导农民走共同富裕的道路。20 世纪 90 年代初，邓小平同志基于我国农业发展现状以及农业未来改革方向，明确提出了中国特色社会主义农业现代化建设的"两个飞跃"理论，第二个飞跃就是适应科学种田和生产社会化的需要，发展适度规模经营，发展集体经济。2016 年，《中共中央 国务院关于稳步推进农村集体产权制度改革的意见》提出，科学确认农村集体经济组织成员身份，明晰集体所有产权关系，发展新型集体经济，这是中央层面首次提出"新型集体经济"的概念。2018 年，《中共中央 国务院关于实施乡村振兴战略的意见》《乡村振兴战略规划（2018-2022 年）》进一步提出，探索农村集体经济新的实现形式和运行机制、发展新型农村集体经济等政策主张。这充分表明了农村集体经济的创新发展，在实施乡村振兴战略中占据重要地位。农村集体经济具有提高集体成员收入水平、平衡收入分配、提供公益性服务等方面的优势，对于缩小农村内部和城乡之间生活差距，最终实现共同富裕具有重要意义。党的十九届五中全会将"发展新型农村集体经济"作为全面推进乡村振兴的重要内容，意味着农村集体经济在新时期农业农村发展中占据重要地位。2020 年，《中共中央关于制定国民经济和社会发展第十四个五年规划和二〇三五年远景目标的建议》提出要深化农村集体产权制度改革，发展新型农村集体经济。壮大农村集体经济的声音从未间断。

在当前中国乡村振兴的大背景下，探索新型农村集体经济的发展，特别以新疆为例，具有重要的理论意义和实践意义。新型农村集体经济作为乡村振兴的核心要素之一，其发展状况直接关系到整个振兴战略的成效。经济结构转型是当前中国农村面临的重要课题之一，通过深入研究新型农村集体经济的发展，可以揭示乡村经济结构转型的内在机制，这对理解乡村经济的可持续发展路径，推动农业现代化具有指导意义。随着城乡一体化进程的加速，农村经济的结构转型和升级已成为必然趋势，而新型农村集体经济的发展将在这一过程中扮演重要角色。农村集体经济的健康发展直接关系到农民的生活水平和社会稳定。通过研究新疆的案例，能够了解乡村振兴对居民生活质量和社会结构的影响，为社会管理和政策制定提供理论支持。在实践中，提高农村居民的收入水平和生活质量是乡村振兴的核心目标之一，而新型农村集体经济的发展为实现这一目标提供重要支撑。通过对新疆乡村的深入研究，能够为政府相关部门提供科学的决策依据，这有助于更加精准地制定支持乡村振兴的政策，提高政策的实施效果。政策的制定与调整需要基于对乡村经济发展现状和趋势的深入理解，而研究新型农村集体经济的发展将为政策制定提供重要参考。新疆地处我国西北，具有丰富的自然资源和独特的地理位置，研究新疆新型农村集体经济发展，有助于理解不同地域背景下乡村振兴的差异性特点，这对提高我国乡村振兴战略的全面性和适应性有着积极的促进作用。通过深入研究新疆的案例，能够为其他地区的乡村振兴提供有益经验和启示。综上所述，围绕乡村振兴背景下研究新型农村集体经济发展不仅有助于深刻理解乡村振兴的实质，还能够为我国农村经济发展提供有益启示。这样的研究在经济学领域具有重要的学术价值和实践价值。

1.3　研究现状

1.3.1　新型农村集体经济发展内涵的相关研究

在新型农村集体经济发展内涵的研究方面，苑鹏和刘同山（2016）认为新型农村集体经济的特点，其具有所有权关系明晰化、所有者成员主体清晰化、组织治理民主化、分配制度灵活化和组织机构去行政化的特征。李天姿和王宏波（2019）认为集体所有与股份合作是新型农村集体经济的主要特征，其实现了计划经济到市场经济、单一产权到多元产权、排斥个体经济到并存互融的转变。张驰（2020）认为新型农村集体经济是土地集体所有制的"再合作"，符合新时期生产力发展要求，是巩固社会主义制度的重要力量，核心特征是适应了社会主义市场经济体制。根据中国农村集体经济的内涵和特点，将其发展历程划分为构建期、调整期、转型期、激活期四个阶段，他认为要推动农村集体经济健康发展，需以维护好农户利益为根本前提，提高集体经济组织的市场竞争力，因地制宜推动农村集体经济振兴（高鸣和芦千文，2019）。余丽娟（2021）认为，新型农村集体经济的"新"主要体现在现代产权制度改革下，通过成员自愿合作、自愿联合，依托村集体实现农户与乡村的协同发展，这是与传统农村集体经济的最大区别。江宇（2022）将新型农村集体经济定义为一定范围的劳动者共同占有生产资料并联合开展生产、经营、分配的公有制经济形态，党组织在其发展壮大中发挥领导作用。芦千文和杨义武（2022）认为，在坚持农村集体所有制以及农村基本经营制度的前提下，以农村集体产权制度改革为依托建立起适应市场经济的现代企业制度，以盘活资源资产资金、参与市场竞争、拓展比较优势业务等举措打造实现形式多元、盈利能力稳定的农村集体经济发展形态。

1.3.2 乡村振兴与新型农村集体经济相关研究

根据周笑梅等（2024）的研究，发展新型农村集体经济对增加农民收入、缩小城乡差距、振兴乡村经济以及推进乡村振兴和实现共同富裕目标至关重要。在构建社会主义现代化国家过程中，农村仍承担着最为繁重的任务，其中，强调"强农业、美农村、富农民"的发展理念对赋能乡村振兴具有重要逻辑基础。左双双和蔡海龙（2023）指出，开封市新型集体经济取得了一定成绩，但存在党建引领力不足、集体经济要素整合不足和发展后劲不足等问题。王贝（2023）建议通过发挥党建引领作用、促进供给侧改革、整合资源以及实施"人才工程"等措施推动农村集体经济发展。同时，《中华人民共和国国民经济和社会发展第十四个五年规划和 2035 年远景目标纲要》提出深化农村集体产权制度改革，将经营性资产量化到集体经济组织成员，以促进新型农村集体经济的发展壮大。在此过程中，新型农村集体经济不仅在劳动要素联合方面取得了突破，还促进了各种要素的联合，包括土地、资金、技术、管理及文旅资源，并积极探索与其他所有制经济的合作，体现了开放、包容、共赢的理念（屈虹，2023）。自党的十九大报告提出乡村振兴战略以来，乡村振兴战略已成为全党农村工作的重中之重。这一战略的深入推进和实施为我国新型农村集体经济的持续发展创造了良好环境，同时也成为落实乡村振兴的重要抓手。李晓（2023）指出，大力推进新型农村集体经济建设有助于提高农民收入、推动产业繁荣并打造宜居新农村。张洁（2023）指出，随着经济社会的发展，我国新型农村集体经济不断扩展，乡村振兴和农村发展水平也不断提升，农业水土专业领域的理论与实践体系也得到了持续完善。刘儒和郭提超（2023）认为，多样化途径发展壮大新型农村集体经济是促进乡村全面振兴和全体农民共同富裕的关键抓手和根本保证，是中国共产党领导农业农村全面发展和现代化建设的艰辛探索。然而，徐丽姗和杜恒志（2023）指出，在全面推进乡村振兴的视域下，发展新型农村集体经济仍面临着一系列问题，如发展固化缓慢、管理机制亟待完善以及发展不平衡等，这些问题制约着新型农村集体经济的健康持续发展。在推进乡村振兴的过程中，运用"共富型"财政政策对促进新型农村集体经济的发展具有关键作用。这种政策不仅推动了财政投入从"单个项目"向"集体共享"的转变，还促进了资源禀赋从"独有"到"大家共享"的转化。同时，政策的实施也带动了项目实施从"村管"向"专业管理"的升级，以及平台对接从"村找项目"到"项目找村"的转变。在利益分配方面，政策注重平衡"资产收益"与"劳动收益"，确保了农民在集体经济发展中的公平收益（张绘，2023）。乡村振兴战略从国家层面对新型农村集体经济进行了全面规划。这种集体经济不仅是实现农民共同富裕的重要手段和坚实保障，也是推动乡村全面振兴的经济基础。因此，在追求共同富裕的目标下，需要深入研究新型农村集体经济与乡村振兴战略的关系，探索以集体经济为引擎的乡村振兴路径（周文和李吉良，2023）。作为农民利益共同体和乡村资源配置的基本单位，新型农村集体经济组织在乡村产业振兴中发挥着重要作用。通过农民再组织化，这些组织重塑了农民的主体性，并再造了乡村价值。此外，新型农村集体经济组织还展示了其独特的产业发展模式（朱婷等，2023）。随着农村集体产权制度改革的深入推进，农村集体经济的发展模式日益多样化。农村集体经济组织的市场主体能力得到提升，新型农村集体经济得到了显著发展。这为乡村振兴提供了坚实的物质基础和强大的动力支持（韩育哲，2023）。村级集体经济对农村地区产业发展和经济建设有益，可推动农村共同富裕，促进乡村振兴。目前，我国村级集体经济普遍呈弱化趋势，未能为农业发展做出足够贡献，出现了"空壳村"问题。在新时代背景下，需要逐步推动村级集体经济建设，统筹农业资源，优化生产要素，促进农村整体发展（李晓华等，2022）。农村集体产权制度改革是新时代"三农"领域的重要制度变革，也是乡村振兴的关键支撑。分析政府、村集体和村民的实践目标，构建内外融合的治理机制，推动农村集体经济可持续发展（丁生忠，2022）。中国特色社会主义进入新时代，各方面迎来新的发展阶段，农村也在发生巨大变革。越来越多的农村走向新型集体经济道路，这种集体经济与以往有根本性变化，坚持社会主义方向，适应市场经济需求，以壮大集体利益为基本原则，实行共同经营、民主管理、利益共享的经济组织和经营方式（王立胜和张弛，2021）。新型农村集体经济发展是实现农业兴旺、农民富裕的重要支撑，也是实现乡村振兴战略目标的基础。近期的调研和访谈显示，皖中 H 村采取了强化党建引领、土地到村、村企一体等方式，壮大了新型农村集体经济，推动了乡村振兴，并提升了乡村治理效能（陈继，2021）。自改革开放以来，我国农村总体取得了显著发展，但也面临着一些困境，如中西部农村的"空心化"。在全面建设社会主义现代化国家新征程和构建国内国际双循环的背景下，乡村振兴成为重要而迫切的战略选择。在全面振兴乡村的过程中，农村居民是主体，改善经济社会生活、增强农村活力是关键，而集体性建设则是其中重要的内容。集体性活动是在共同的经济和社会活动中产生的，它是乡村全面振兴的深层动力。通过发展多种形式的集体经济、提供公共服务和社会服务、建设乡村社会资本和乡村文化，可以加强乡村的集体性建设（王思斌，2021）。马克思、恩格斯深刻思考了跨越贫困之路，指出在实现共同富裕的进程中，建立集体所有制下的合作生产是不可或缺的。为充分发挥农村集体经济的作用，必须在形式、管理、模式、领导、制度等方面进行创新（崔超，2021）。然而，当前有关新型农村集体经济的探索过于关注经济目标，而忽略了社会目标，导致了发展面临困境。新型农村集体经济的发展与乡土社会重建呈现共时性关系，因此，在对其内涵界定和实现形式的探索中应纳入乡土社会重建的目标。理论上，发展新型农村集体经济促进中国乡土社会重建需要处理经济系统与社会系统的关系，这共时性关系可用社会经济解释，其理论追求是将经济发展重新嵌入到社会中（李文钢和马良灿，2020）。乡村振兴战略是党中央的重大决策，农村集体经济是其重要模式和途径。然而，受到家庭联产承包责任制的影响，目前由于资金、人才、土地等要素制约，以及基层干部和群众认识不到位、扶持政策不完善等问题，新型农村集体经济发展相对缓慢，导致乡村振兴动力不足（贺卫华，2020）。

1.3.3 新型农村集体经济多元参与主体行为演化研究

农村土地资源配置的核心是宅基地的有效利用。宅基地制度改革中的参与主体包括地方政府、村集体、农户和市场主体。这些主体的动力、意愿、可行路径以及收益共享机制，共同塑造了宅基地的利用格局（周静，2023）。通过构建农村集体经济组织与个体成员的演化博弈模型，可以看到在不同情形下，收益、人才、约束和分配等因素对共同富裕目标的实现产生显著影响（王蔷等，2023）。新型农村集体经济发展的主要参与者包括地方政府、涉农企业、农村集体经济组织和农户。这些参与者的行为将决定农村闲置资源的利用走向。在策略选择方面，相对净收益影响着地方政府执行力度、农村集体经济组织参与程度，系统向理想状态的演化成正比，但补贴达到一定程度时呈边际递减（黄小勇等，2023）。协同合作理论在政府、企业、村集体三位主体参与集体经济发展的框架中具有重要价值。案例研究显示，政府、市场和村集体之间的协同合作能够实现产权明晰、产业兴旺、主体培育和农民增收等目标，推动新型农村集体经济的壮大（龚燕玲等，2023）。农村集体经济组织成员资格认定的法定化和自治存在争议。为保障成员权益，推进农村集体产权改革，建议主要采取法定化的立法路径，同时辅以自治（孙凌云，2023）。对高标准农田建设项目管理和土地流转问题，基于三方有限理性，建议建立政府、农民和承包户的演化博弈模型。研究结果显示：各方根据收益变化调整策略，最终实现政府建设、农民流转、承包户受让农田的稳定均衡状态。政府在演化过程中引导农民和承包户行为策略，农民流转是实现系统稳定的前提条件，耕作成本也是影响均衡点的重要因素（刘立刚等，2022）。农村集体经济组织法人内部治理存在机构形骸化、法人章程形式化、市场化与集体化方向的矛盾，以及成员股东治理专业水平低与非成员股东治理缺位的问题。解决路径在于激活农民参与治理的动力，并将外部力量转化为法人发展的内生动力（房绍坤和宋天骐，2022）。实现乡村振兴，农村集体经济的崛起是必然趋势，其发展能提升土地利用效率、农户组织化水平和市场话语权，增加农民收入、推动产业发展，并增强农户凝聚力，为乡村振兴提供有效支撑（李武和钱贵霞，2021）。针对集体土地建设租赁住房试点，从主导主体、土地使用权和运营性质三个维度进行剖析，并探讨各试点在村集体收益与风险、土地增值收益分配和适用性等方面的差异（郭永沛等，2020）。随着社会经济发展，农民在农业和非农产业间有更多选择，但

"耕者有其田"的原则仍应保障。通过完善土地制度、推进专业化分工、创新集体经营方式等途径，可以实现"耕者享其富"的目标，为农民提供更多获益的机会（孟祥林，2020）。基于演化博弈思想，研究了农村集体经济组织与企业之间的演化博弈模型，探讨集体土地作价入股，农业特色小镇的路径演化问题，并通过 Matlab 对双方合作策略选择的影响因素进行数值仿真分析。研究发现，合作策略选择与未来收益、奖惩机制、投入成本和运营风险等因素密切相关（顾海蔚和宋宏，2019）。农村集体经济自改革开放以来迅速发展，为解决农民就业、增加收入和加快农村建设提供了持续动力，尽管受到各种制度瓶颈的限制，但农地流转制度的推进为农村集体经济的发展提供了新的可能性，有助于破除制度瓶颈，创新发展模式（戴青兰，2018）。安徽省合肥市农民工宅基地利用及退出调研数据显示，不同特征的农民工在宅基地退出意愿上存在显著差异。顾虑失去生活保障和补偿不足，成为不愿退出宅基地的主因。农民工更偏向选择货币、住房补偿、城镇社保和就业保障作为补偿手段（张勇，2018）。通过演化博弈方法分析城市化和农业地区建设用地利用的互动行为，结合经验数据进行仿真模拟，发现不同区域经济增长和耕地保护考核比重需有足够差异，以减少资源禀赋不同地区之间的非合作用地行为。采取"大棒"政策促进地方政府间合作，而在"大棒"政策基础上实施的"胡萝卜"政策效果更显著。此外，地方政府利用双边垄断的土地一级市场进行经济增长的竞争和非市场化征地补偿价格不利于土地集约利用合作（曹飞，2018）。以农村集体建设用地为研究对象，比较理论模型，并分析地方政府、农村集体经济组织、农户等在农村集体建设用地配置中的诉求和行为选择，有助于了解农村集体建设用地配置市场化规律，优化资源配置，为各地推进农村集体建设用地改革提供思路和选择（方江涛，2016）。采用变异后的"鹰鸽博弈"模型，借鉴西方经济学分析方法，建立了农村集体经济组织与农户之间的博弈模型。在集体建设用地流转过程中，农户与农村集体经济组织的策略选择与流转利益、冲突成本相关，而与自身信息量和实力无关（刘靖羽等，2015）。在前人研究的基础上，王欢和杨学成（2015）提出了建立城乡统一建设用地市场的基本框架。通过建立双种群进化博弈模型，探索农村集体经济组织与政府在城乡统一建设用地过程中的进化稳定策略，以及这些策略的影响因素，旨在增加协作战略选择的概率，促进农村集体建设土地资源配置效率提升。城乡统一建设用地市场的成功建立，取决于政府行为和农村集体经济组织角色的转变。应充分利用税收调节土地交易，调整土地收益分配格局，以实现政府与农村集体经济组织的行为与建立城乡统一建设用地市场目标的一致性。

1.3.4 新型农村集体经济发展所面临的问题与影响因素研究

对于农村集体经济发展面临的问题研究中，梁昊（2016）认为当前新型农村集体经济发展存在路径狭窄、监管缺失、政策缺乏等问题。李韬等（2021）认为，新型农村集体经济的本质是外部输入的财政资金转化为村集体利润、租金与利息，在发展中还存在集体经济主体缺位、集体经济组织成员权责不清晰、法人治理结构不完善、集体经济缺乏长效发展机制等亟须解决的问题，面临产业选择、土地资源、负债经营、人才匮乏等制约因素。聚焦乡村产业发展路径，指出新型农村集体经济实现产业富民存在乡村应答弱、利益分配上过度集中等问题。陈秀萍（2022）指出，东北地区农村集体经济发展中出现了地缘优势小、乡村产业发展动能不足、村干部积极性不高等问题。基于陕西省调查发现，有学者认为农村集体经济发展面临产业选择、土地资源、负债经营、人才匮乏等制约。农村集体经济在实践中面临产业发展的经济制约和政治考核的行政制约，容易出现实践运作与制度目标脱节、集体经济名实分离的发展悖论。

对影响新型农村集体经济发展的因素研究中，介绍了农村集体经济组织概念，分析了其发展制约因素，并提出发展策略选择（刘子平和魏宪朝，2008）。农村集体经济的股利分配具有连续性特点，受多种因素影响，应重点考虑经营收益率、资产总额等（郭方方，2017）。通过研究广东省南海区农村集体建设用地市场效率，发现农村集体建设用地规模影响较大，制度改革具有重要意义（张婷等，2018）。农村集体经济的有效发展受多个因素共同影响，其中精英带领是核心必要条件（张瑞涛和夏英，2020）。以 2019 年浙江省金华市村集体经济数据为研究对象，通过多元回归分析研究影响村集体经营性收入的关键因素。政府对村财政补助是影响村集体经营性收入的关键因素（楼宇杰等，2020）。基于对全区的调研，发现新疆农村集体产权制度改革探索出具有新疆特色的优秀经验做法，包括加强学习宣传力度、人力物力支持、创新改革具体做法等方面（王小清等，2020）。农村集体经济发展的核心因素是内部的精英带动，不具备该条件的村集体经济发展困难。发展路径可体现为市场导向型、产业发展型、资源开发型和生产服务型四种模式。在特定条件下，通过因素替代提升村集体经济发展水平，实现从被动发展到主动发展的转变（刘浩等，2021）。通过对比分析和归因，探究影响农村集体经济发展的因素，如资本、人才、技术、制度与文化等（李泓波和邓淑红，2021）。政府政策制度导向、经济社会网络结构位置、社会关系网络和农民认知程度等因素不同程度影响着农村集体经济组织发展动力机制，需要优化农村集体经济组织发展动力机制（谢宗藩等，2021）。中国农村集体经济高质量发展波动上升，但存在区域不平衡现象，省际差异明显（沈秋彤和赵德起，2022）。村庄人口规模、村党支部书记任职时间、治安状况等因素影响着农村集体产权制度改革对经济发展的作用。集体股设置并不能增强改革促进作用，新一轮改革应聚焦跨村发展、优化治理、完善股权结构（芦千文和杨义武，2022）。通过分析四川省德阳市农民参与农村集体经济股份合作制改革积极性，发现年龄、家庭收入、了解程度、政策符合度、股份分配公平性等因素影响着参与意愿（杨权和张江峰，2023）。财政投资目的是积累人均资本；集体经济组织调整利润分配，提升农业劳动者技能，以获得规模经济。国家政策不应局限于产权改革，需促进市场化经营（徐亚东和张应良，2022）。农村集体经济是国民经济的重要组成部分，其发展对巩固脱贫攻坚成果、完善双层经营体制意义重大。人力、资产、资源等是收入关键因素（邓枭铭和赵飞，2022）。多因素共同推动集体经济发展，其中人力资本至关重要，而政策支持和金融扶持存在替代效应（张淑辉和朱旺波，2023）。西部欠发达地区新型农村集体经济发展最重要的影响因素是内向带动与市场经营，外向联合的影响较为有限。有效实现路径有内部治理型、内外联动型和综合联动型三种类型，具有多样性和复杂性。要注意加强要素间的联动匹配，借鉴优秀典型的做法，并谨慎选择发展道路（段诗杰等，2023）。集体产权制度改革、总资产、劳动力人口、受教育程度、财政投入等因素对农村集体经济收入增长有显著促进作用，而集体经济财务公开、非国有就业比重和消费品零售总额对其收入增长影响不显著（李荣强等，2023）。

1.3.5　新型农村集体经济的优化路径研究

在新型农村集体经济发展模式和路径探索方面，许泉等（2016）通过调查发现经济发达地区农村集体经济的发展路径可总结为资产租赁、政府补助、项目扶持以及产业合作，瞄准农村集体经济的多样化发展态势，总结了工业化、后发优势、集腋成裘三种发展模式。屠霁霞（2021）认为，浙江省新型农村集体经济的发展经验为村联合、村企联合、山海协作、单位包村等"抱团"发展模式。余丽娟（2021）在"市场性"的核心特征下，提炼出政府扶持型、组织引领型、市场激励型等实践模式。王立胜等（2021）以动力机制为划分依据，将新型农村集体经济的发展模式归类为自我积累型、城镇化引致型和企业家返乡型。郝文强等（2022）基于浙江省桐乡市的实践归纳了自主经营、在地投资、飞地投资与平台经营等"抱团"发展模式。刘晓玲（2022）广泛调研湖南省各村庄，总结出产业发展型、乡村旅游型、为农服务型和资源开发型等新型农村集体经济发展模式。江宇（2022）以烟台市农村为例，发现在多种经营方式并存的基础上，党领导下的"人的组织"有利于确权保障产业有机融合，因此指出党组织领办合作社是发展新型农村集体经济的有效路径。倪坤晓和高鸣（2022）将新型农村集体经济发展的内在逻辑归结为政府强势干预和市场自由运作的动态博弈、内部资产经营方式和外部要素管理机制的有机结合、收益分配与集体积累追求短期利益与长期利益的有效平衡。温铁军等（2021）从生态经济学角度提出要发挥财政投入的杠杆作用，带动新型农村集体经济组织形成可自由支配的资产，促进集体生态资源价值增值。朱婷等（2023）从农村基本经营制度创新切入，提出面对改革推进主体、资产管理主体和实施价值取向的错位，应深化改革，创新合作模式，优化制度供给。提出在坚持农村土地集体所有制、维护农民基本权益的基础上，重构农村集体产权结构，扩大其开放性，提高农村资源配置效率，促进城乡融合发展。陆雷和赵黎（2021）立足于宏观层面，强调应当夯实农村集体产权制度改革的法律基础，推动特殊的集体经济体制向一般的市场经济体制转变。芦千文和杨义武（2022）认为应当通过农村集体产权制度改革探索，建立适应市场经济的集体经济制度基础，创新农村集体经济发展形势，从而有效解决新型农村集体经济发展初期的各种弊病。

1.4 研究述评

首先，现有研究关于新型农村集体经济发展的理论研究比较丰富，为本书研究提供了坚实理论基础，但这些理论主要集中于宏观层面，而以微观主体为载体分析新型农村集体经济发展的多元参与主体的互动行为研究较少；其次，通过文献梳理发现，现有文献所述内容普遍呈现"就事论事"的特征，即局限于新型农村集体经济进行研究，虽然研究内容层次较深，但并未对新型农村集体经济与乡村社会发展进行关联性、互动性阐述，尤其是论述新型农村集体经济与乡村振兴的逻辑关系的文献十分匮乏；最后，相关文献研究呈现地域性不平衡，东部地区农村地理条件、资源禀赋等天然优势为新型农村集体经济发展壮大营造了良好的环境。因此，许多学者选取东部地区农村为案例，而西部地区农村集体经济发展相对滞后的现实使其相关研究较为匮乏，尤其对新疆农村集体经济的关注较少。随着农村集体产权制度改革不断深入，新疆根据自身情况，因地制宜地颁发了相应的改革方案，各村普遍清理了集体资产、资源和资金，完成了股权确认，初步构建了新型农村集体经济的治理框架，但仍面临农村集体经济"造血"功能不足、发展不平衡、基础相对薄弱、发展专项资金缺乏等问题。在新形势下，思考如何巩固提升农村集体产权制度改革成果，激发农村资源要素活力，扎实推进共同富裕，不断缩小城乡差距，大力发展新型农村集体经济意义重大。为此，本书基于以上研究不足，对乡村振兴背景下新疆新型农村集体经济展开研究。

1.5 研究创新

1.5.1 研究视角的创新

研究视角聚焦于新型农村集体经济的多元主体演化博弈行为。本书尝试将新疆地方政府、新型农村集体经济组织、涉农企业和农户为核心在社会结构、政策制度变化背景下探讨这四个微观主体随着时间变化其参与新型农村集体经济发展的行为变化，以深刻剖析参与主体的动态变化机制，进而从时间维度分析问题、解决问题，更有助于政策资源在不同参与主体之间有效分配。

1.5.2 研究内容创新

第一，在乡村振兴的背景下，新型农村集体经济的发展在中国日益受到关注。以新疆为例，其在乡村振兴过程中，通过加大对乡村发展建设的投入，实现了资源下乡和城乡融合。在这一过程中，社会资源的下乡为村集体经济发展创造了机遇。随着城乡融合的推进，城乡之间的资源流动变得更为频繁，为越来越多的乡村带来了资源下乡的挑战与机遇，因此探讨乡村集体经济的发展问题显得尤为重要。如何将新型农村集体经济发展视为乡村振兴的机遇，值得进行深入的研究和探讨。通过分析新疆乡村新型农村集体经济的典型案例，可以基于内外主体互动，探讨如何更充分地调动新疆农村资源实现乡村振兴，从而推动新型农村集体经济的发展，有助于形成对农村集体经济发展新的理论解释，为乡村振兴提供有益的参考和指导。第二，研究区域的选定。欠发达地区对新型农村集体经济的发展更为重视，这是因为欠发达地区的基础设施和工业经济比较薄弱，目前经济发展需与环境保护相齐并进，农村具有较为丰富的劳动力、土地等资源，能够与城市资源进行高效融合，农村成为发展经济的新场域，所以本书选取新疆作为研究对象，其发展具有很多可能性。

1.5.3 研究方法创新

本书的研究方法具有学科交叉特征，主要包含经济学、社会学、统计学等多学科研究方法，这也能够进一步提升实证的严谨性和准确性。第一，实证方法包含演化博弈模型、Logistics 回归分析以及结构方程模型分析等，这些可归纳为定量分析。第二，质性分析也是本书的主要研究方法。该方法主要是问卷调查与半结构式访谈，以此作为实证内容的材料补充和进一步验证。

1.6 研究方法与数据来源

1.6.1 研究方法

1.6.1.1 文献梳理法

本书通过新型农村集体经济发展内涵、乡村振兴与新型农村集体经济关系、新型农村集体经济多元参与主体行为演化、新型农村集体经济发展所面临的问题与影响因素以及新型农村集体经济的优化路径等相关研究文献，并对其进行归纳总结，从而挖掘现有研究的不足，以此作为本书理论基础构建背景，进而构建新疆新型农村集体经济发展的理论框架和作用机制，并结合研究问题提出理论假设，且在下文进行逐一验证。

1.6.1.2 实证分析法

本书基于理论假设构建对应的实证模型进行验证。影响因素的实证分析。构建 Logistics 回归模型对影响因素进行实证分析，分析经济因素和非经济因素，本书着重讨论新疆新型农村集体经济的发展理论、模式、合作演化行为和影响因素。首先，新疆新型农村集体经济发展多元主体参与的合作行为演化的实证分析。构建演化博弈模型验证对各主体的参与行为随时间的推移而变化的轨迹，并做敏感性分析，进行不同激励对不同主体影响的敏感程度分析。其次，影响因素的实证分析。构建二元 Logistics 回归模型实证分析影响因素的效应。最后，构建结构方程模型进一步验证分析农户参与新疆新型农村集体经济的机制，挖掘提高农户参与意愿的具体路径。

1.6.1.3 问卷调查法

本书基于研究问题需要设计相应问卷，以获取第一手数据，且问卷设计旨在了解新疆农户、地方政府、新型农村集体经济组织以及涉农企业等主要参与主体的参与合作情况，在各自利益最大化情况下如何优化政策，农户参与新型农村集体经济的意愿及影响因素，从而聚焦于推动新疆新型农村集体经济高质量可持续发展。问卷设计主要包含人口学特征，如调研对象的性别、年龄、职业、学历、收入、支出等基本信息；投资情况和收益情况，如参与新型农村集体经济的项目数量、投资金额、收益情况等；愿意或者不愿意继续参与新型农村集体经济，且对主要的影响因素进行具体分析。

1.6.1.4 提纲访谈法

本书同时基于社会学属性采用典型的半结构式访谈进一步收集材料。提纲访谈的设计目的是对新疆新型农村集体经济发展研究问卷调研的补充，问卷调研侧重数据获得，为定量分析提供数据基础，而提纲访谈侧重材料获得，还原调研对象的语料，为定性分析提供材料支撑。提纲访谈的设计逻辑是以调研问卷所要回答和解决的问题为核心。

1.6.1.5 比较分析法

本书基于定性和定量分析总结出结论和存在的问题，并且尝试从不同参与主体行为差异对比分析尝试结合各主体参与新疆新型农村集体经济发展利益最大化基础上提出可行的对策建议。因为各参与主体最终目的是实现各自利益最大化或者社会福利最大化等，所以可以通过对比分析为提高各主体参与新型农村集体的经济意愿提供具体举措，从而为我国制定对应政策提供经验之鉴。

1.6.2 数据来源

本书主要使用的数据和材料来源有以下几种：

1.6.2.1 《新疆统计年鉴》及年度报告

借助于《新疆统计年鉴》及年度报告的翔实数据，对新型农村集体经济的现状和所获得的成就进行了深入的概况分析。这一数据源提供了丰富的经济统计信息，能够全面了解新疆农村经济的动态变化，进而描绘出其发展的整体格局。

1.6.2.2　问卷调查数据

通过广泛的问卷调查，收集了关于新疆新型农村集体经济多元参与主体的丰富数据。这些数据不仅包括了参与意愿的描述性分析，还通过 Logistics 回归分析深入挖掘了农户参与意愿的影响因素。这种方法的运用，能够更加细致地剖析影响农户决策的关键因素，从而为制定更有效的政策提供了实证支持。进一步地，运用结构方程模型对问卷调查数据进行深入实证分析，以揭示其在新疆新型农村集体经济中的具体作用机制。通过这一方法，不仅能够看到各因素之间的复杂关系，还能够较为准确地测量它们在整体框架中的权重和影响程度。这有助于更全面地理解农村集体经济发展中各参与主体之间的相互作用，为未来发展路径提供科学的参考。

1.6.2.3　提纲访谈材料

提纲访谈材料作为语料支撑，为研究提供了更为深刻的实证结果分析。这种定性材料的运用，能够更好地理解数字背后的故事，为统计数据提供了更为丰富的背景和解释。通过对这些访谈材料的系统整理和分析，能够更好地把握新型农村集体经济发展的实际情况，为政策制定和实施提供更加具体和有针对性的建议。

1.7　研究内容与技术路线

基于本书框架设计，本书主要包含以下内容：

第 1 章绪论。首先，基于我国国情和新型农村集体经济发展现状提出问题。其次，以研究问题和内容为导向，梳理国内外相关文献并进行述评及提出本书的研究创新。文献梳理主要有如下几类：第一，农村集体经济内涵相关文献梳理。通过分析不同学者对农村集体经济内涵的诠释，以此引出新型农村集体经济概念。第二，乡村振兴与新型农村集体经济相关文献梳理。通过梳理文献交代乡村振兴与新型农村集体经济发展的关系，以此明晰乡村振兴背景下新疆新型农村集体经济发展的内在逻辑。第三，新型农村集体经济多元参与主体行为演化的相关文献。新疆新型农村集体经济发展涉及地方政府、涉农企业、新型农村集体经济组织以及农户等主要参与主体的行为演变，为此梳理相关文献为本书进行多元参与主体演化博弈与仿真分析奠定基础。第四，新型农村集体经济发展所面临的问题与影响因素的相关文献。通过梳理新型农村集体经济面临的现实问题和影响因素文献，本书依据新疆新型农村集体经济发展的现实状况提炼出其主要面临的问题和影响因素。第五，新型农村集体经济发展优化路径的相关文献。通过梳理新型农村集体经济优化路径的相关文献，本书依据新疆新型农村集体经济发展的现实问题，提出更具可行性的具体优化路径。最后，交代研究方法、研究内容及其数据来源，且以流程图对整体研究的技术路线进行描述与展示。

第2章理论基础与概念界定。理论基础主要梳理、分析与本书研究密切相关的理论。例如，集体行动理论、产权理论、社会关系网络理论的理论基础。概念界定主要是对农村集体经济、新型农村集体经济概念进行学术史梳理及其两者的关系进行分析，并结合本书研究需求进行界定。

第3章新疆新型农村集体经济发展现状。首先，本章主要分析了新型农村集体经济发展基础。梳理了新型农村集体经济发展的不同历史阶段及其发展特征。其次，分析了新型农村集体经济发展历史发展脉络，主要包含农村集体经济实现形式的萌芽、农村集体经济实现形式的形成、农村集体经济实现形式的突破以及农村集体经济实现形式的拓展四个阶段。再次，分析了新疆新型农村集体经济的主要模式，主要包含资源开发模式、资产盘活模式、土地运营模式、实体带动模式、项目带动模式、股份合作模式6种主要模式。最后，分析了新疆新型农村集体经济取得成效，主要包含村集体"家底"增厚助力低收入户增收、农村经济水平提升、村集体经济实力显著增强、乡村治理更加有序等主要成效。

第4章乡村振兴背景下新疆新型农村集体经济发展的内在逻辑。基于"现状分析—问题提出"的写作逻辑，首先，本章分析新型农村集体经济有助于农村巩固社会主义制度的逻辑。其次，分析发展新型农村集体经济确保乡村振兴战略全面推进逻辑。最后，分析发展新型农村集体经济是引领农民农村实现共同富裕的重要途径。

第5章新疆新型农村集体经济发展现实面临的问题。新疆新型农村集体经济发展主要面临如下问题：创新发展的动力不足；发展集体经济的经营人才不够优；政策体系尚不健全；农村集体经济组织运行管理不规范；农村集体"三资"监管手段水平不高；农村资产财产功能未有效发挥；收益分配不合理；集体经济参与主体松散，难以形成组织化经营管理；农村资源固化，生产效率较低；农业产业化程度低，内生合力不足；资源禀赋与区域发展模式失衡，投入产出效益低；农户参与度不足，获得感与幸福感低；执行准则不明确，资产缺乏有效监管。

第6章新疆新型农村集体经济发展的微观参与主体行为演化博弈分析。本章主要包含以下主要内容：各微观主体演化博弈机制分析、各微观主体演化博弈均衡策略模型分析、各微观主体演化博弈均衡策略模型求解、各微观主体演化博弈均衡策略稳定性分析、各微观主体演化博弈均衡策略仿真模拟分析。

第7章新疆农户参与新型农村集体经济发展的意愿与行为分析。本章主要交代和分析调研基本情况与数据来源，进行农户参与新型农村集体经济发展意愿分析，进行农户参与新型农村集体经济发展影响因素分析。

第8章新疆新型农村集体经济发展的典型案例分析。本章主要包括奇台县半截沟镇腰站子村发展新型农村集体经济典型经验、塔城地区发展新型农村集体经济典型经验、鄯善县探索农村集体经济发展新路径新机制经验等案例分析。

第9章研究结论、提升路径与研究展望。本章主要包含对前文研究内容的总结并依据新疆新型农村集体经济发展的理论、现状、面临的问题、演化博弈结论以及影响因素的分析提出对应的优化路径。

本书研究的技术路线如图1-1所示。

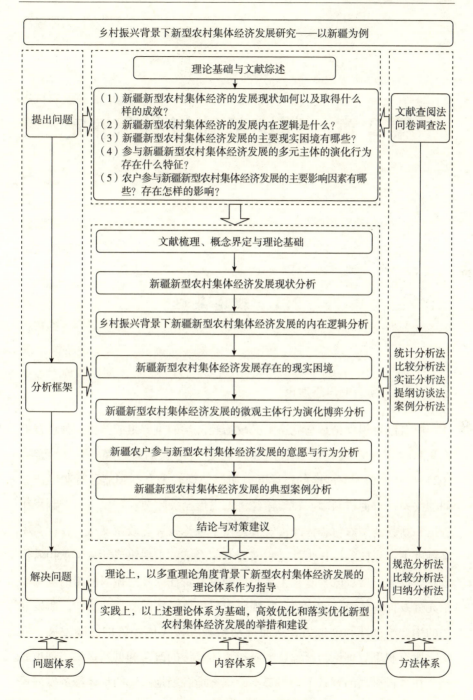

图1-1　本书的技术路线

第 2 章　理论基础与概念界定

2.1　理论基础

2.1.1　所有制思想理论

所有制思想理论是马克思主义政治经济学的重要组成部分，强调社会主义制度下生产资料的公有制和非公有制之间的辩证统一（李巧巧，2024）。在乡村振兴战略的指导下，如何处理好公有制和非公有制经济之间的关系，对促进新疆农村集体经济的发展至关重要。首先，所有制思想理论为新疆新型农村集体经济发展提供了理论指导和政策支持。在社会主义制度下，集体经济作为社会主义公有制经济的重要组成部分，承担着促进农村经济发展、改善农民生活条件的重要责任。乡村振兴战略的实施要求充分发挥集体经济的优势，加强对农村集体经济的支持和保护，激发农民的生产积极性和创造力，从而推动新疆农村集体经济的健康发展。其次，所有制思想理论为新疆新型农村集体经济的改革和创新提供了理论基础。在乡村振兴的背景下，需要不断探索适合当地实际的集体经济发展模式，充分发挥各种所有制经济的积极作用。在这一过程中，必须坚持和完善社会主义公有制经济，同时积极发展多种形式的所有制经济，包括个体经济、合作经济等，促进农村集体经济的多元化发展。最后，所有制思想理论为加强新疆新型农村集体经济与现代产业体系的对接提供了理论指导。乡村振兴战略强调以产业振兴为重点，加快推进农村产业结构调整和优化升级。在这一过程中，需要充分发挥集体经济在农业生产、农村产业发展中的引领作用，促进农村经济向现代化、产业化方向转变。所有制思想理论为推动新疆农村集体经济与现代产业体系的深度融合提供了重要理论支撑。在乡村振兴战略的引领下，必须深入贯彻落实所有制思想理论，坚持社会主义公有制经济的主体地位，不断完善和发展多种所有制经济。

2.1.2 农村合作经济思想理论

农村合作经济思想强调农民自愿组织起来，共同经营生产，实现共同富裕的理念，是中国农村集体经济发展的重要思想基础（王文臣和刘会强，2023）。在当前新疆农村发展中，如何运用农村合作经济思想指导新型农村集体经济的发展，具有重要的现实意义。首先，农村合作经济思想理论为新疆新型农村集体经济的组织形式提供了重要借鉴。在乡村振兴的背景下，要实现农村经济的可持续发展，必须注重发挥农民的主体作用，充分调动参与者的积极性和创造性。农村合作经济思想提倡农民自愿组织成立合作社或其他形式的集体经济组织，共同经营生产，实现利益共享。这种组织形式有利于集体经济规模化经营，提高农业生产效率，增强农民的获得感和幸福感。其次，农村合作经济思想为新疆新型农村集体经济的经营模式提供了重要启示（钟沛芳，2020）。在乡村振兴的过程中，要探索适合当地实际的集体经济发展模式，注重发挥集体经济的优势，提高农村经济的竞争力。农村合作经济思想倡导成员共同经营、共同分享利益的原则，强调民主管理、科学决策，有利于形成以合作、共赢为核心的经营理念，推动新疆农村集体经济实现转型升级。最后，农村合作经济思想为新疆新型农村集体经济的产权制度建设提供了重要参考。在乡村振兴的进程中，要建立健全适合中国国情的农村产权制度，保护农民的合法权益，激发其发展集体经济的积极性。农村合作经济思想主张民主、平等、自愿、互利的原则，有利于建立起符合农村实际的产权制度，促进农村集体经济的健康发展。在当前乡村振兴的进程中，要充分发挥农村合作经济思想的指导作用，坚持以农民为主体，以合作共赢为核心的发展理念，推动新疆农村集体经济实现更好更快的发展，为实现乡村振兴目标作出更大贡献（王耀德和马玲兵，2021）。

2.1.3 农业经营规模思想理论

农业经营规模思想强调农业生产要适应市场需求和科技水平的提高，提倡农业规模化、集约化经营，是指导中国农业现代化发展的一项关键理论。在新疆农村发展中，如何运用农业经营规模思想指导新型农村集体经济的发展成为当务之急。首先，农业经营规模思想为新疆新型农村集体经济的生产组织提供了理论支持。在乡村振兴战略中，农业生产要适应市场需求，提高效益，实现农村经济可持续发展。农业经营规模思想强调通过规模化、集约化经营，提高生产效率，降低生产成本。在新疆的农村集体经济中，采用农业经营规模思想指导生产组织，有助于提高农业产出，提升农民收入水平。其次，农业经营规模思想为新疆新型农村集体经济的科技创新提供了指导原则。在乡村振兴过程中，农业科技创新是推动农业现代化的关键因素。农业经营规模思想强调要利用先进的生产技术和管理方法，提高农业生产的科技含量。在新疆农村集体经济的发展中，应当借鉴农业经营规模思想，加强农业科技创新，推动新疆农业朝着更加现代化、智能化的方向发展。再次，农业经营规模思想为新疆新型农村集体经济的市场营销提供了战略指导。在乡村振兴战略的背景下，农产品的市场化经营是农村集体经济发展的必然趋势。农业经营规模思想强调要适应市场需求，通过规模效应提高产品质量，降低销售成本。在新疆的农村集体经济中，应当注重农产品品牌建设，提高市场竞争力，实现农产品的良性循环发展。最后，农业经营规模思想为新疆新型农村集体经济的可持续发展提供了路径选择。在乡村振兴的过程中，要实现农村经济的可持续发展，需要遵循农业经营规模思想的指导，通过规模效应和科技创新提高经济效益，通过市场营销提高产品附加值，实现经济、社会和环境的协同发展。在新疆的农村经济建设中，充分发挥农业经营规模思想的引导作用，推动新疆农村集体经济实现更好更快发展。

2.1.4　集体行动理论

集体行动理论为新型农村集体经济发展提供了重要的理论基础。集体行动理论强调集体行动的必要性和重要性，认为只有通过集体行动，才能有效地解决一些个人无法解决的问题（陈欣，2023）。在新型农村集体经济发展中，集体行动理论为推动集体经济的发展提供了重要的思路和方法（吴冰等，2023）。例如，通过集体土地流转、集体资产股份化等方式，可以实现集体的共同发展。集体行动理论在新型农村集体经济发展中发挥着重要的作用。在实践中，新型农村集体经济的发展需要依靠集体的力量和智慧，通过集体行动来推动。例如，在农村社区建设、农业产业升级等方面，需要集体力量的参与和推动。而集体行动理论正好为这些方面提供了重要的理论支撑和实践指导。集体行动理论与新型农村集体经济发展相互促进。一方面，集体行动理论的不断完善和发展可以为新型农村集体经济发展提供更加全面和深入的理论指导；另一方面，新型农村集体经济发展的实践也可以为集体行动理论提供更多的实证数据和经验，推动集体行动理论的进一步发展和完善。

2.1.5　产权理论

首先，产权理论为新型农村集体经济发展提供了重要的理论指导。按照产权理论，产权是一种法权关系，是依附于一定的经济关系的法律表现（曾恒源和高强，2023）。在新型农村集体经济发展中，明晰的产权关系是促进集体经济发展的重要前提。只有明晰的产权关系，才能有效地界定各方的权利和责任，减少外部性和"搭便车"行为，降低交易成本，促进市场交易和集体经济发展（叶翔凤，2020）。其次，新型农村集体经济发展需要依靠产权理论的指导。在实践中，新型农村集体经济的发展需要依靠政策的支持、法律的保障和市场的调节。而产权理论正好为这些方面提供了重要的理论支撑。例如，产权理论的制度变迁理论可以为农村集体经济的改革提供重要的思路和方法；产权的交易成本理论可以为农村集体经济的发展提供降低交易成本的指导；产权的外部性理论可以为农村集体经济的发展提供减少外部性的指导。最后，产权理论与新型农村集体经济发展相互促进。一方面，产权理论的不断完善和发展可以为新型农村集体经济发展提供更加全面和深入的理论指导；另一方面，新型农村集体经济发展的实践也可以为产权理论提供更多的实证数据和经验，推动产权理论的进一步发展和完善。

2.1.6　社会关系网络理论

信息传递和交流：社会关系网络是信息传递的重要渠道。在农村地区，社会关系网络可以促进集体经济组织成员之间的信息交流，包括市场需求、技术进步、政策变化等方面的信息（陈蕾和姚兆余，2023）。这有助于集体经济组织及时调整经营策略，抓住市场机遇，提高经济效益。

资源共享和整合：社会关系网络可以帮助集体经济组织整合和共享资源，包括人力、物力、财力等。通过与网络中的其他组织或个人建立合作关系，集体经济组织可以获得更多的资源支持，实现资源的优化配置，提升整体竞争力。

社会支持和合作：社会关系网络可以为集体经济组织提供社会支持和合作机会。网络中的成员可能来自不同的领域或行业，可以提供多样化的经验和专业知识，帮助集体经济组织拓展业务范围、提高管理效率（张育瑄，2023）。同时，网络中的成员之间也可以相互支持、共同发展。

创新驱动和发展：社会关系网络可以促进集体经济组织的创新活动。网络中的成员可以分享最新的技术、管理、商业模式等方面的信息，激发集体经济组织的创新意识和创新能力。通过与网络中的其他组织或个人合作，集体经济组织可以探索新的发展路径和商业模式，实现持续的发展和进步。

总之，社会关系网络理论在新型农村集体经济发展中具有重要作用。通过建立和维护良好的社会关系网络，集体经济组织可以获得更多的信息和资源支持，实现资源共享和优化配置，提升整体竞争力和创新能力，推动农村经济的持续发展。

2.2　概念界定

2.2.1　农村集体经济的相关定义

农村集体经济权威定义主要有两个方面：一是法律规定。《中华人民共和国民法典》第二百六十一条规定：农民集体所有的不动产和动产，属于本集体成员集体所有。也就是说，唯有农村一定疆域内的农民群体组成的集体（本集体）对这个疆域特定土地及其他资源才拥有所有权，这就是农村的集体所有制，是区别于国有制的公有制另一种重要的所有制形式。《乡村振兴促进法》第一章总则第五条提出：国家巩固和完善以家庭承包经营为基础、统分结合的双层经营体制，发展壮大农村集体所有制经济。《宪法》第八条规定：农村集体经济组织实行家庭承包经营为基础、统分结合的双层经营体制。农村中的生产、供销、信用、消费等各种形式的合作经济，是社会主义劳动群众集体所有制经济（彭涛，2023；韩松，2023）。

二是政策规定。《中共中央　国务院关于稳步推进农村集体产权制度改革的意见》提出：农村集体经济是集体成员利用集体所有的资源要素，通过合作与联合实现共同发展的一种经济形态，是社会主义公有制经济的重要形式。可以说，农村集体经济是农村集体成员利用集体所有的资源和资产开展各类经济活动的综合体现，是农村集体所有制在经济上的反映。

而利用集体所有的资源要素开展各类经济活动的组织机构是农村集体经济组织，它是农村集体所拥有的各类资产和资源的管理运营主体，是农村集体所有权权能的行使主体，农村集体经济所有权的组织载体（朱睿博和孙春林，2023；王洪平，2023；张国清和张瑞，2023）。

2.2.2 新型农村集体经济的内涵界定

2.2.2.1 内涵界定

新型农村集体经济发展，旨在推动新型农村集体经济发展实现量的合理增长和质的稳步提升，最终落脚在"质的稳步提升"上。新型农村集体经济发展是一种发展状态，是发展水平、层次、形态不断跃升的动态过程，是持续实现新型农村集体经济更高质量、更有效率、更加公平、更可持续发展的动态过程（曹斌，2023；江宇，2022）。对照传统农村集体经济面临的问题瓶颈来看，应从"目标—过程—结果"的三重维度全面把握新型农村集体经济发展的内涵，既要以弥补传统农村集体经济方式的短板不足为切入点，合理设置新型农村集体经济的发展目标，又要在发展过程中处理好个人与集体的关系，使农民能够在新型农村集体经济发展壮大的同时更多地获益，最重要的是在结果上做到平衡数量与质量、兼顾效率与公平，从而实现新型农村集体经济高效发展。然而，在发展新型农村集体经济时，数量、质量、效率、公平之间存在矛盾，需辩证看待与正确处理四者之间的关系。新型农村集体经济发展，发展规模是基础，发展效率是核心，发展质量是关键，发展公平性是保障，四者缺一不可。新型农村集体经济发展不仅意味着经济效益方面成本收益比的单维增长，而是追求当下与未来、过程与结果、效益与风险、集体盈利和个人获益、经济效益和社会效益等诸多方面的协同增进与平衡发展。换言之，新型农村集体经济的发展是一道系统性的综合命题，需要从宏观与微观、静态与动态的层面进行综合设计，通过机制构建充分整合新型农村集体经济发展所需的各项内外部条件，进而释放出要素组合对新型农村集体经济发展的最大带动效应。

2.2.2.2 新内涵特征

新型农村集体经济是指通过农村集体产权制度改革建立的产权清晰、成员明确、运行规范的地域性集体经济组织，适应社会主义市场经济要求，充分发挥其在动员、组织、协调、服务等方面的独有功能，以多种形式的合作与联合激活集体资源要素，促进集体资产保值增值，实现集体成员共同发展的农村集体经济形态（曹银山，2024）。与传统农村集体经济相比，新型农村集体经济作为更为高级的经济形态，其新内涵新特征体现在以下几方面：

第一，产权关系明晰。传统农村集体经济产权结构单一，只有集体产权，农民个人产权缺位，造成集体经济收益的分享存在平均主义（王禾和宗成峰，2024）。这种产权结构在一定程度上不利于调动农民参与集体经济的积极性，从而不利于彰显高效率性。同时，传统农村集体经济产权关系模糊，股权设置不清，产权主体虚置，权责不明确，集体资产资源被侵占、挪用现象时有发生。同时这种产权份额不清等问题也造成参与主体的单一，不利于形成发展集体经济的合力。产权关系明晰是新型农村集体经济最为核心的特征，是指农村集体产权制度改革后，集体资产家底摸清，所有权确权到相应层级的集体经济组织成员集体，农户对承包地、宅基地及集体经营性资产收益享有的财产权利得到清晰界定和明确。通过将集体资产资源折股量化到集体成员，实现了从"共同共有"向"股份占有"的转变，并赋予了农民对集体资产资源股份的占有、收益、有偿退出及抵押、担保、继承等权能。2021 年实施的《民法典》从法律上明确了农村集体经济组织法人为特别法人，从而为其进行市场活动提供了法律保障。

第二，治理架构科学。传统农村集体经济大多"政经不分"，与村"两委"的人员、职能、财务等关系界限不明确，经营决策往往由村少数干部决定，监督机制不健全。而新型农村集体经济组织被赋予特殊法人地位，引入现代企业制度，成立成员（代表）大会、理事会、监事会，组织架构完善，体现了民主管理的集体决策。不少村庄积极探索政经分离，一些有条件的村庄还尝试聘用职业经理人专业化打理集体经济。新型农村集体经济尊重群众意愿、遵循市场规律，不走"归大堆"的老路子。健全农村集体资产监管体系，严格控制集体经营风险，充分保障集体成员的知情权、参与权、监督权，不能让集体经济变成少数人的"小金库"。

第三，经营方式稳健。传统农村集体经济多由村组织统一管理，产业形式和经营方式都较为单一，如对农业生产、资源配置和产品消费等采取计划方式。缺乏专业化的管理人才和高效的管理体系，难以形成完整的产业链，抵御自然风险和市场风险能力较弱。这种方式尽管有利于发挥社会主义制度集中力量办大事的优势，但是不利于利用市场作用通过各种形式做大做强集体经济，不利于吸引各类优质资源流向集体经济发展，使集体经济发展受到一定程度的限制。而新型农村集体经济主要聚焦农村集体经济组织所在地域的资源发包、物业出租、居间服务以及资产参股等较为稳健的经营活动，涉及农业生产、物业服务、休闲旅游、民宿康养等多种产业，经营方式更为稳健，持续发展能力明显增强，有效实现了集体资产的保值增值。除了村集体与各类经营主体开展合作外，村与村抱团联合越发普遍，有些抱团合作从镇域扩大到县域，成为农业产业链的重要组成部分，抵御自然风险和市场风险能力显著提高。新型农村集体经济强调发挥市场作用，对劳动力、资本、技术和土地等各类生产要素进行高效配置。如新型农村集体经济强调在坚持土地集体所有的原则下，通过土地流转，实现土地的规模化经营，农业经营也主要通过农村合作社等经济组织，实现生产、加工、销售等的规模化发展。同时，新型农村集体经济利用市场作用，发展方式多样、经营方式多元，既包括农村特色产业、特色旅游业等产业的发展，也包括为城市发展开展各类建筑服务、物业服务等，这显著提升了新型农村集体经济发展效率。

第四，收益分配合理。传统农村集体经济大多收入水平较低，收益分配形式较为单一，基本采取平均主义且分配不透明，农民难以从集体经济获得较高收益。而新型农村集体经济不仅是劳动者的劳动联合，更是土地、资本、技术、管理等的联合，收益分配机制更为健全，集体成员按持有的集体资产份额分享集体经营收益，更为注重集体增收和村民致富的互利共赢，收益分配实现了股份化、制度化、透明化，让村民在农村集体经济发展中真受益、得实惠，切实增强农民的获得感、幸福感、安全感。

2.2.2.3 新型农村集体经济与农村集体经济的联系与区别

第一，产权上的区别。传统农村集体经济实行"集体所有，统一经营"，农村集体财产的所有权和使用权是统一的，资产虽归农民集体所有，人人有份，但每个农民的份额多少并不清晰，从而使农民无法感知到自己就是集体资产的主人（葛宣冲，2023）。新型农村集体经济的产权结构是建立在产权分割基础之上，土地等基本生产资料的最终所有权由集体代表国家拥有，每个成员拥有等额基本生产资料的收益权和使用权。集体成员有权处置基本生产资料核心产权外的相对产权，比如承包、转让、租赁等权限。新型农村集体经济产权分割模式是与市场经济和农业现代化相适应的现代产权制度，为实现集中、集约发展，解决分散的小生产与大市场之间的矛盾提供了基础条件（高强和崔文超，2023）。

第二，实现形式上的区别。传统农村集体经济实行单一的"集体所有，统一经营"形式，具有封闭性和排他性；而基于农户分散经营和集体统一经营有机结合的新型农村集体经济，产权清晰，可发展多种组织方式、经营方式，例如农民以土地、资金、劳动、技术、知识产权等入股。随着市场经济快速发展，其实现形式还在不断地更新。

第三，组织效率上的区别。传统农村集体经济组织中，农民不是一个独立的经营主体，没有独立经营自主权，其生产经营的积极性很难发挥；而且传统农村集体经济组织的管理者往往成为政府的延伸，其既行使经济职能，又行使社会职能，导致政经不分，对管理者监督困难，其出工不出力的现象极易发生，导致组织效率不高；而新型农村集体经济组织在市场化过程中遵循市场经济规律，产权明晰，合作自愿，管理民主，在市场专业化经营的同时，能进行有效的激励和监督，因此有较高的组织效率。

第四，分配方式上的区别。传统农村集体经济由集体组织生产经营，农民集体劳动，各尽所能，按劳分配，由于是高度集中的统一管理，在分配上缺乏有效的监督，极易产生贪污腐败现象，因而分配的公平性很难得到保障；新型农村集体经济采取按劳分配与按生产要素分配相结合的形式，保障了农民的基本收益权，在自愿互利、管理民主的原则上，农民充分行使监管权力，而且其集体支配的部分，更有利于分配的公平与效率的统一。

2.3　本章小结

本章深入剖析了与新型农村集体经济发展紧密相关的多种理论，着眼于系统性总结。主要包括所有制思想、农村合作经济思想、农业经营规模思想、集体行动理论、产权理论、社会关系网络理论以及中国共产党对农村集体经济发展的探索理论。所有制思想理论探讨了在新型农村集体经济中不同形式的产权结构，为理解经济组织和运作提供了基础。农村合作经济思想理论关注的是集体合作的本质，强调集体行动的价值和效益。农业经营规模思想理论关注了经济规模对农业效益的影响，为农业可持续发展提供了理论支持。集体行动理论深入研究了集体组织在农村经济中的作用和影响，为集体合作提供了行为经济学的角度。产权理论探讨了资源和权利在新型农村集体经济中的配置，对建立公平有效的制度起到了指导作用。社会关系网络理论从人际关系的角度分析了农村经济中的合作网络，为深化合作关系提供了理论基础。中国共产党关于农村集体经济发展的探索理论阐述了在社会主义建设中，如何更好地发挥农村集体经济的作用，为中国农村经济的独特道路提供了理论指导。同时，本章还明确定义了农村集体经济及新型农村集体经济的内涵。农村集体经济作为一个整体，代表了集体性质的农业生产和经济组织形式。而新型农村集体经济则在此基础上进行了更深层次的拓展，强调可持续发展、创新和现代化。在分析两者之间的联系和差异时，不仅考察了经济结构和组织形式的异同，还深入挖掘了其在社会、文化和环境层面的影响。

第3章 新疆新型农村集体
经济发展现状

3.1 新型农村集体经济发展历史及发展脉络

3.1.1 农村集体经济实现形式的萌芽

1949~1955 年，是我国由新民主主义社会向社会主义社会过渡的时期，也是由新民主主义经济向社会主义计划经济过渡的时期。这一时期，封建土地所有制逐步废除，农民的土地所有制开始实行，土地集体所有制开始萌芽，个体经济开始向集体经济过渡，其中萌生了具有农村集体经济部分要素的形式。在 1949 年党的七届二中全会上，毛泽东强调要通过建立合作社这一劳动人民群众的集体经济组织，来引导分散的个体的农业经济和手工业经济向现代化和集体化的方向发展。中华人民共和国成立以后，随着小农经济的弊端逐渐显现，党中央积极倡导农民开展各种形式的农业互助合作。1953 年 12 月 16 日发布的《中国共产党中央委员会关于发展农业生产合作社的决议》中，总结农业互助合作运动的经验，提出了引导农民走向社会主义的几种过渡性经济组织形式。指明引导个体农民经过具有社会主义萌芽的互助组，到半社会主义性质的初级社，再到完全社会主义性质的高级社，这是党对农业进行社会主义改造的正确道路；指出发展农业合作化，无论何时何地，都必须根据农民自愿这一个根本的原则，其中农村互助合作组织的生产经营包括季节互助组、常年互助组以及初级农业生产合作社，集体劳动和生产特性为农村集体经济的正式形成奠定了基础。1955 年 7 月，毛泽东在《关于农业合作化问题》中将农业合作化的实现与社会主义工业化能否完成联系在一起。由此，我国的集体经济开始逐步由社会主义性质的初级社向社会主义性质的高级社过渡。1956 年底社会主义改造完成后，社会主义集体所有制经济在农村确立起来。

3.1.2　农村集体经济实现形式的形成

1956～1977 年，是我国社会主义计划经济发展时期。1956 年，我国基本完成了对农业在生产资料私有制方面的社会主义改造，一亿二千万农户和五百多万个手工业者的个体经济已经变为集体经济。至此，我国农村集体经济正式形成，高级农业生产合作社统一经营型实现形式和人民公社集中经营型实现形式相继产生并加快发展。高级农业生产合作社是我国首个社会主义集体经济组织，以生产资料集体所有制为特点，实行三级集体所有制，是"政社合一"的基层政权组织，以生产队为核算单位，采取按劳分配制度。1957 年，农业合作化基本完成，虽起初注重小规模管理，但随后适应生产条件，开始发展大规模合作社，为人民公社的发展奠定基础。随着农村集体化进程，1958 年，人民公社集中经营型实现形式出现，它与高级农业生产合作社统一经营型实现形式都是计划经济体制下的农村集体经济形式，以生产资料集体所有制为基础，以大规模生产为特征，其组织形式不仅包含农村集体经济组织，也是"政社合一"的基层政权组织。实行人民公社、生产大队和生产队三级集体所有制。人民公社集中经营型实现形式标志着农村集体化程度的提高，为农村二三产业的发展提供了良好条件。截至 1958 年 9 月 29 日，全国农村已基本实现公社化：除西藏外，27 个省份共建立人民公社 23384 个，入社农户占总农户的 90.4%。其中，有 12 个省份达到 100%；平均每社 4797 户，其中河南、吉林等 13 个省份有 94 个县以县为单位建立了县人民公社或县联社。到 10 月底，农村共有人民公社 26576 个，参加的农户占总农户的 99.1%。1962 年 9 月，在党的八届十中全会通过的《中共中央关于进一步巩固人民公社集体经济、发展农业生产的决定》中，党中央明确提出了"农业的集体化，提供了农业发展的极大可能性，提供了农民群众共同富裕的可能性"，从而得出了发展农村集体经济是为了实现农民共同富裕，也只有发展农村集体经济，才能实现农民共同富裕的重要论断。1962 年，人民公社定型为"三级（公社、生产大队、生产队）所有、生产队为基本核算单位"的集体经营制度。生产资料的高度集体化、高度集中的集体统一经营和劳动管理、平均主义的分配制度，成为这种制度的鲜明特点。人民公社不仅是中国农村当时唯一的生产组织形式，还具有基层政权的社会管理职能。

3.1.3 农村集体经济实现形式的突破

1978～1992 年，是我国由社会主义计划经济体制向市场经济体制过渡的时期。这一时期，农民迫切希望获得土地的承包经营权，自发组织形成了包工到组、包产到户、包干到户等农业生产责任制。农村土地等生产资料由单纯的集体所有逐步转变为集体所有、家庭承包经营，农村经营体制由高度集中经营逐步转变为以家庭承包经营为基础、统分结合的双层经营体制。其中，"统"代表着农村集体经济的新发展。1980 年 9 月，在中共中央印发的《关于进一步加强和完善农业生产责任制的几个问题》的通知中，党中央明确了集体经济在我国农业向现代化前进过程中不可动摇的基础地位，提出"主要依靠集体经济……可以使农村根本摆脱贫困和达到共同富裕"。1982 年《宪法》提出乡镇人民政府及集体经济组织，确立集体经济组织自主经济活动权。与此同时，农村集体经济"统"的实现形式也发生了突破，即从人民公社集中经营型逐步转变为农村集体经济组织统一经营型和乡村集体企业承包经营型等实现形式。农村集体经济组织的具体范围可以在乡、村、组三级分别设置。自 20 世纪 80 年代以来，社队企业发展迅速，已成为农村经济中的重要力量。为促进各类主体兴办企业，社队企业改名为乡镇企业。乡（含镇）办、村（含村民小组）办的乡镇企业，统称为乡村集体企业，其财产归农民集体所有，并且提取部分收益和承包金用于农村公共积累和发展社会事业，推动了农业多元化、优化了农村经济结构、增加了农村经济总量、推进了农业现代化、克服了经济发展难题。1991 年 11 月，在《中共中央关于进一步加强农业和农村工作的决定》中，党中央总结了 20 世纪 80 年代农村改革的经验，并指明了今后农村工作的目标就是实现共同富裕，同时也指出了实现这一目标的根本途径就是壮大农村集体经济的实力。

3.1.4 农村集体经济实现形式的拓展

1993 年以来，是我国社会主义市场经济体制发展时期。1993 年，党的十四届三中全会通过的《中共中央关于建立社会主义市场经济体制若干问题的决定》中指出，"深化农村经济体制改革"，强调"我国农村经济的发展，开始进入以调整结构、提高效益为主要特征的新阶段"。伴随市场经济的逐步发展，资金、土地、劳动力等生产要素的市场化程度不断提高，在农村集体经济发展中的作用日益显著。农村集体经济"统"的实现形式持续拓展，形成了乡镇企业股份合作型和社区股份合作型等新的实现形式。乡镇企业股份合作模式，股份由资金、土地、技术等元素组成，适应了农村经济发展需求，实现了 1993～2012 年的稳定发展。2014 年 12 月，农业部、中农办、国家林业局下发了《积极发展农民股份合作赋予农民对集体资产股份权能改革试点方案》（农经发〔2014〕13 号），指出开展农村集体资产股份合作制改革试点工作。在坚持家庭承包责任制和尊重农民意愿的前提下，发展多种形式的股份合作，推动生产要素向农业集聚，探索建立中国特色社会主义的农村集体产权制度，为现代农业发展和美好乡村建设奠定坚实的制度基础。2016 年，《中共中央国务院关于稳步推进农村集体产权制度改革的意见》（以下简称《意见》）提出，科学确认农村集体经济组织成员身份，明晰集体所有产权关系，发展新型集体经济，这是中央层面首次提出"新型集体经济"的概念。《意见》提出，管好用好集体资产，建立符合市场经济要求的集体经济运行新机制，促进集体资产保值增值；落实农民的土地承包权、宅基地使用权、集体收益分配权和对集体经济活动的民主管理权利，形成有效维护农村集体经济组织成员权利的治理体系。

3.2 新型农村集体经济发展基础

3.2.1 中国新型农村集体经济发展基础

农村集体经济在农村基本经营制度中体现的是"统"的特征，是实现"统分结合"不可或缺的组成部分（周振，2023；郑瑞强等，2024）。自党的十八大以来，我国农村集体经济的发展大致经历了三个阶段，由基础薄弱的兜底式发展稳步朝着提质增效的方向迈进，对农村经济发展、产业兴旺、农户增收方面的作用越发明显。2016 年以前，农村集体经济基本处于自发生长阶段，在东部农村以及中西部具有区位优势的农村地区，农村集体经济充满活力，农村资源的市场价值不断提高。然而，在集体资产积累到一定程度后，管理和运营体制机制尚未理顺、管理手段不健全，阻碍了农村集体经济进一步发展，并影响到农村的社会稳定，因此，需要在农村集体产权制度上进行深入改革。2016 年 12 月，《中共中央 国务院关于稳步推进农村集体产权制度改革的意见》（以下简称《意见》）提出，科学确认农村集体经济组织成员身份，明晰集体所有产权关系，发展新型农村集体经济。《意见》明确了农村集体产权制度改革的主要方向，保证了农村集体产权制度改革在全国范围内顺利推进，奠定了新型农村集体经济发展壮大的基础。

2017～2019 年，在全国范围内的清产核资工作基本完成。根据农业农村部数据，截至 2019 年底，全国共有集体土地等资源 65.5 亿亩，账面资产 6.5 万亿元，其中经营性资产和非经营性资产分别占 47.4% 和 52.6%。在有序推进农村集体产权制度改革过程中，各地还采用各种有效手段消除空壳村和集体经济薄弱村，以避免地区差距扩大。根据农业农村部数据，2015 年底全国集体经营性收入为零的村级集体经济组织占村级组织总数的 54.36%；有集体经营性收入但低于 10 万元的村级组织占比为 31.73%；集体经营性收入在 10 万元以上的村级组织占比为 13.91%。到 2020 年底，在纳入统计的村级集体经济组织中，没有经营性收入的村级组织占比下降到 22.4%；经营性收入在 10 万元以上的村占比达到 33.1%。当然，农村集体产权制度改革并不能毕其功于一役地解决所有问题，新型农村集体经济发展仍面临诸多障碍。例如地区间发展不平衡、差异仍然较大等，尤其是西部地区，资源底子薄、经营能力也较为薄弱，更加需要有效的支持政策。

为促进农村集体经济组织规范发展，保障农村集体经济组织及其成员的合法权益，2020 年 11 月，农业农村部印发《农村集体经济组织示范章程（试行）》，为农村经济组织形式的规范和发展奠定了基础，同时也能够促进农村领域的政经分离，保证了村"两委"的政治职能与集体经济组织的经济职能有效区分，从而更有效地推进农村政治、经济各项事业健康发展。在推进农村集体产权制度改革的同时，农村集体资产的管理也逐步规范化，2021 年 12 月，财政部和农业农村部联合印发《农村集体经济组织财务制度》，各地针对集体资产管理不断进行制度创新，内容覆盖公共支出、资产运营、收益分配等领域。另外，数字化管理也渗透到农村集体资产管理的方方面面，管理效率不断提高。新型农村集体经济发展进入快车道，成为迈向农业强国的重要助力。新型农村集体经济逐步形成多种发展形式，常见的有资源发包、物业出租、居间服务、资源使用权入股等，农业经营活动集中在规模经营和农业社会化服务领域。新型农村集体经济的经营模式也有一定创新，强村公司得到各地重视，加大了农村资源整合和盘活利用。强村公司在浙江、天津、江西等省份发展态势良好，如浙江有近一半村社组建强村公司。2022 年天津还针对强村公司专门出台了登记注册的相关规定，明确了这类平台公司的内涵外延、企业名称、出资形式、登记申请材料等。

3.2.2　新疆新型农村集体经济发展基础

第一，农村集体产权制度改革全面完成、典型经验不断涌现。2016 年 12 月 26 日《中共中央　国务院关于稳步推进农村集体产权制度改革的意见》（中发〔2016〕37 号）明确提出：开展集体资产清产核资，从 2017 年开始，按照时间服从质量的要求逐步推进，力争用 3 年左右时间基本完成。力争用 5 年左右时间基本完成农村集体经营性资产股份合作制改革。新疆维吾尔自治区按照中央要求，狠抓各项改革任务落实。通过改革，对集体所有的各类资产进行了清查核实，摸清了集体家底，健全了管理制度，防止了资产流失。全区行政村集体经济资产总额 789.87 亿元，其中非经营性资产 533.31 亿元、经营性资产 256.56 亿元，分别占村集体资产总额的 67.52%、32.48%。现有集体所有的农用地总面积 8434.03 万亩，其中耕地 4787.24 万亩，园地 266.41 万亩，林地 552.39 万亩，草地 2504.36 万亩，其他 323.63 万亩。全区共组建农村集体经济组织 8960 个，确认集体经济组织成员 323.74 万户、1218.5 万人，量化集体资产总额 233.82 亿元，38 个县市区的 249 个村集体实现了可分配收益按股分红，累计分红突破 2.54 亿元。2020 年，昌吉州以农村集体产权制度改革整州推进国家试点为契机，创新提出和部署了《加强基层党组织建设、深化农村集体产权制度改革、壮大村级集体经济的"三位一体"系统集成改革经验》荣获中国改革十大案例、《深化改革谋突破、聚力发展促振兴——昌吉回族自治州农村集体产权制度改革典型材料》被农业农村部列为全国第三批改革试点典型经验，昌吉州农村合作经济管理局获评全国农村集体产权制度改革工作先进集体。在全国率先启动《昌吉州农村集体经济组织条例》（以下简称《条例》）地州立法，目前，《条例》已提交人大审议，可有效保障农村集体经济规范发展。在全国首推《昌吉州村集体经济组织实行经营目标责任制绩效考核奖励试行办法》，进一步调动村干部参与村集体经济经营管理的积极性，推动村集体经济稳健经营、长久发展。2022 年 12 月，巴州农经局被表彰为全国农村集体产权制度改革工作先进集体，巴州 406 个村建立股份经济合作社，确认成员 47.76 万人，发放股权证书 14.6 万本，为促进乡村振兴提供了制度保障。巴州博湖县作为全国农村集体产权制度改革试点县被农业农村部列为第三批全国农村集体产权制度改革试点典型经验交流单位。阿克苏市改革典型经验被农业农村部农村集体产权制度改革简报采用，在全国进行推广，并获得"全国农村集体产权制度改革工作先进集体"荣誉称号。

第二，农村集体"三资"管理机制更加健全、运行更加规范。新疆认真贯彻落实中共中央、自治区党委关于稳步推进农村集体产权制度改革工作的安排部署，按照农业农村部《关于全面开展农村集体资产清产核资工作的通知》和《关于印发〈农村集体经济组织财务制度〉的通知》精神，坚持"村财村管村用乡监督"机制，切实加强村集体经济组织"三资"及财务管理工作，遏制村集体经济腐败问题发生，为农村"三资"安全保驾护航。一是加强平台应用，规范工作流程。为加快农村集体经济资产线上监督，推动民主监督常态化、长效化，采取智能化、数字化、信息化等有效手段，全面提升村集体"三资"管理服务水平，从源头上遏制农村党员干部违纪违法问题的产生，实现好、维护好、发展好农村集体和农民群众的利益。二是进一步规范利益分配机制。指导各县市按照农业农村部下发的《农村集体经济组织示范章程（试行）》，完善村股份经济合作社章程，规范村股份经济合作社的收益分配，妥善处理好集体积累和分配的关系，严禁举债分红，切实维护集体经济利益和成员合法权益。三是探索长效机制，夯实"三资"监管。农村集体资产资源的发包和租赁、集体举债、乡村公益事业建设等与农民群众切身利益密切相关，各县市在集体"三资"处置方面实行民主决策，扎实推行"四议两公开"工作做法，做到公开、公平、公正，村级财务状况每季度至少公开一次，主动接受群众监督。

第三，农村集体经济财政投入显著增强、探索途径日趋多元。新疆高度重视发展壮大村级集体经济，2019~2021 年每年专项扶持 500 个左右集体经济薄弱村、空壳村发展壮大村级集体经济，在中央财政补助 516 个村、2.7 多亿元的基础上，区财政配套资金补助 70 个村、1.04 亿元，用于扶持村级发展特色种养殖、乡村旅游产业等壮大集体经济项目。同时在农村产权制度改革工作全面铺开的同时，涌现出一批可供借鉴、复制的发展壮大村集体经济典型，为乡村振兴发展提供了思路。改革后各县市借助改革契机，结合当地区位优势、经济基础、资源禀赋，制定了发展壮大村级集体经济实施方案等有关文件，做大做强优势特色产业，积极探索发展壮大集体经济的有效途径。积极探索资产的经营模式，探索开展实体化运营试点，全力挖掘和探索发展壮大集体经济的路径。例如，库尔勒市阿瓦提乡 8 个村集体联合成立了旅游开发有限责任公司，抱团发展农村休闲观光旅游产业，2021 年村集体经济收入较上年增加了 20 万元。呼图壁县大丰镇积极建设大丰联鑫农业发展有限公司农业产业园项目，由红柳塘村牵头，全镇 8 村 1 社区集体经济组织共同出资，对全镇 17.8 万亩耕地采取共同经营的方式，打造农业产前、产中、产后销售等社会化服务体系，实现"利益共享、风险共担"。2022 年，大丰镇实现村集体经济收入3260.9 万元，较上年增长 23.23%。昌吉州奇台县腰站子村依托区位优势，探索实行"村党组织+合作社""专业运营商+村集体+农户"的"1+2+N"模式，成立文化旅游公司，采取"统一管理、分散经营"的管理运行模式，2021 年为村集体经济创收 1000 万元。阿克苏市托万买里村将村集体闲置的 700 余亩戈壁荒滩，租赁给农业公司和农民专业合作社用于发展设施农业，年村集体增收 9 万余元。乌鲁木齐县永丰镇上寺村通过"花儿·上寺田园文旅休闲综合体"项目招商引资来了乡村咖啡厅、乡村摄影艺术中心、乡村通航公司和帐篷营地等多种业态。项目实施后为上寺村及周边村民提供直接创业席位 53 个（包含餐饮摊位、娱乐设施经营）通过租用村民机械设备、雇佣村民临时劳务、与村民共商共管运营模式，为上寺村就业岗位 110 余人次。带动周边农家乐经营增收效果明显，旅游旺季节假日网红桥单日营业额破万元，其他项目日营业额也上千元。

第四，健全奖惩机制，考核激励驱动。2022 年出台《自治区关于发展壮大新型农村集体经济的实施意见（征求意见稿）》，明确强化考核激励机制，把发展壮大农村集体经济纳入实施乡村振兴战略实绩考核的重要内容，考核结果作为干部选拔任用、评先奖优的重要依据。对"访惠聚"驻村期间推动农村集体经济发展取得显著成效的第一书记和驻村干部，在同等条件下要优先提拔使用。探索建立农村集体经济发展与管理人员报酬待遇增长机制，对完成既定发展目标的集体经济组织，可按有关规定提取部分资金用于发放村"两委"班子成员和村集体经济组织负责人及经营管理人员的绩效奖励。允许各地拿出当年村级集体经济净利润不超过20%的部分（个人奖励最高不得超过 2 万元/年），由村级集体经济组织提出奖励方案，经农村集体经济组织成员（代表）会议集体讨论、县乡党委和政府把关后，对做出突出贡献的农村集体经济组织在职员工（含兼任集体经济组织职务的村"两委"成员）进行奖励。如昌吉州相继研究制定了《昌吉州稳步推进农村集体产权制度改革实施方案》《昌吉州农村集体经济组织成员身份确认指导意见》《昌吉州关于发展壮大集体经济的若干意见》《关于加强乡镇党委对村集体经济组织领导的意见》《加强项目配置扶持壮大村级集体经济的 20 条政策意见》等方案、意见及配套政策，编发《昌吉州农村集体产权制度改革工作手册》，构建起框架完整、配套协调、措施精准、机制有效的改革政策支持体系。在全国率先启动《昌吉州农村集体经济组织条例》（以下简称《条例》）地州立法，目前，《条例》已提交人大审议，可有效保障农村集体经济规范发展。在全国首推《昌吉州村集体经济组织实行经营目标责任制绩效考核奖励试行办法》，进一步调动村干部参与村集体经济经营管理的积极性，推动村集体经济稳健经营、长久发展。

第五，树立鲜明导向，加强实施监管新疆各地坚持规划先行，因村制宜，审慎确定扶持对象。项目确定后协调财政部门第一时间划拨资金，对项目质量、进度和资金监管等提出要求。明确由各县（市、区）制订项目推进计划，倒排工期、挂图作战，积极协调解决实施过程中存在的困难和问题，乡村两级全程参与；地县组织部门通过电话抽查、实地调研等方式，了解项目进展情况。完善监督机制，严格落实"四议两公开"民主议事程序、离任审计制度，发挥村务监督委员会监督作用，加强村集体经济项目资金监管，保证资金安全。喀什地区联合 18 家单位讨论提出了《喀什地区发展壮大村级集体经济指导目录》，同时提出了 13 个村级不适宜发展的集体经济项目，如"三高"（高污染、高耗能、高耗水）项目等，对本地区三年来申报的项目进行联审，确保项目可实施性和建成后收益稳定。克州对申请补助资金的村逐个现场查看，论证实施条件、项目可行性、效益收益，结合实际状况和资源禀赋，研究确定扶持对象。温宿县对项目实施全程跟踪问效，结合制定的工作台账和增收措施实施情况一览表，采取每月一调度、每月一通报、每月一跟进等措施，确保项目落地见效。

3.3　新疆新型农村集体经济主要模式

3.3.1　资源开发模式

结合农村实际，坚持靠山吃山，靠水吃水，充分发挥矿产、山林、水能等自然资源优势，挖掘经济潜力，把资源优势转化为经济优势，发展壮大村级集体经济（李立周，2024）。矿产资源丰富的村，要积极兴办集体企业，合理开发矿山资源，并由卖原矿向深加工转变，由粗放型向集约型转变，走精细化发展路子，争取效益的最大化。山林资源丰富的村，要抓紧开发林地资源，吸引林业投资项目。水能资源丰富的村，要积极兴办电站、修建水库，抓好水电综合开发利用，以水电、水产等强村富民。

例如，立足本区域土地等资源优势，采取招商，合作经营的方式，大力发展休闲旅游等项目，把自然优势转化为发展优势。以高新区六十户乡星火村为例，一是引资盘活资源资产发展高效水产养殖，六十户乡星火村股份经济合作联合社依托土地资源，发包集体机动地面积2000余亩，年收入共计50余万元。同时，星火村充分发掘辖区千亩鱼塘的自然优势，通过引进企业、扶持专业合作社和养殖带头人，打造出了以鱼塘养殖为依托，集垂钓、餐饮、休闲、娱乐、观光于一体的休闲农业。全村已累计分红52万元，人均分红400元。二是用生态资源发展休闲农业和乡村旅游，六十户乡新村股份经济合作联合社依托当地民族风情园、千亩海棠林等旅游资源，同时依托周边农家乐、牧家乐、特色水产养殖等优势，大力发展休闲观光旅游，当年实现收益10万余元，大大提高了农民的收益。

3.3.2　资产盘活模式

村集体经济组织盘活闲置或低效使用的办公用房、老校舍、厂房、仓库、生产装备设施等各类集体财产，通过存量资产发包和租赁经营，增加集体收入。村集体经济组织对发包经营的集体农场、林场、机动地、"四荒"等资源资产，采取"长包短定"（经营权长期承包，承包金分年度分段约定）的方法签订合同，解决承包费一定多年不变且标准较低的问题，提高集体资源资产使用效率（郭晓鸣和张耀文，2022；许中波，2023）。要充分利用土地集体所有、集体统一规划的优势，加强资产的清查评估，通过盘活闲置场地、闲置固定资产及流动资金，找准市场需求点，开展资产运作，能入股的入股，能投资的投资，合作办厂，合资办企业，确保农村集体资产保值增值。对集体投资投劳形成的一些固定资产，如房屋等资产可采取租赁、拍卖等形式进行盘活，增加村集体收入。对一些区位优势不明显的村，要加强对村集体所属山林、土地、沙石场的管理，通过变卖、出租、开发承包等多种形式来获取经济收入。对集体存量资金较多但本地可用资源较少的村，可采取"走出去"战略，通过异地购买资产、开发资源或入股经营等方式，增加村集体的投资收入。

例如，沙湾市四道河子镇下八户村采取"党支部+村股份经济合作社+合作社"模式，将成员和集体机动地 7930 亩入股到本村 2017 年成立的沙湾四道河子镇众兴合力种植农民专业合作社，由合作社统一经营管理，按照股份从土地经营收益中获得分红。2021 年成员每亩从合作社分红 2700 元，集体经济组织 2800 亩机动地共分红 560 万元。2021 年下八户村集体经济组织为成员分红 79.3 万元，成员人均分红 760 元。走出了一条"土地变股权，农民当股东，有地不种地，收益靠分红"的共赢制合作发展道路。如沙湾市安集海镇结合辣椒特色产业发展以及区位优势，对现有万亩晒场进行规范化管理。由集体针对农户种植辣椒的土地性质、晒场质量情况等制定标准，合理化收费，2021 年村集体增收 70 余万元，平均每个村收入 7 万元左右，通过晒场规范化管理，既避免了晒场环境脏乱差的现象，又达到了资源有偿使用，增加集体经济收入的目的。

3.3.3　土地运营模式

土地运营型，走以地生财的路子。土地是最基本的生产资料，也是村级集体资产的重要部分（何旭开和董捷，2008；王晓霞和蒋一军，2019）。发展村级集体经济，可以走依法利用经营土地资源之路，对地处城镇附近的村，可以制定政策，引导、扶持村集体利用集体所有的非建设用地或村留用地，兴建标准厂房、专业市场、仓储设施、休闲娱乐设施等二三产业设施，或通过开展物业租赁经营等方式有偿转让土地使用权，增加集体收入；对于地处山区的村可对村集体的所有的荒山、荒沟、荒丘、荒滩等资源实行村集体单独或吸收其他资金参股方式开发，开发后采取集体统一经营或承包经营。对农户无能力开发的承包地、山林等，村集体经济组织可采用合股经营的形式进行开发，所得收益由村集体经济组织与农户按一定比例分成，还可以通过实施土地开发整理、村庄整治等工程，增加归村集体所有的有效土地，用于发展种养殖业，稳定增加村集体收入。

例如，克拉玛依市乌尔禾区立足于现状，谋划长远，从高处着眼定位发展村集体经济。一是激发土地内生动力。发展壮大村集体经济，土地是命脉。2018 年顺利完成土地确权颁证，以点带面推进"三变"改革，以"种植大户+股份经济合作社+农户"的模式规模化流转土地经营权，股份经济合作社将农户土地、集体机动地、零散地块整合连片，向社会进行公开竞价发包，由最初 300 元/亩的均价提升至 880 元/亩，2022 年土地流转向村民发放 300.44 万元，2023 年仅土地流转收益将带动农牧民人均财产性收入增长 15.8%。持续探索深化农村宅基地制度改革，引进社会资本整体流转农民宅基地发展旅游产业，实现了农户的"死资产"变成"活资产"，让改革发展的红利充分惠及全体农牧民。坚持政策导向、市场需求，科学调整粮食种植布局结构，不断提高作物产量，2022 年种植粮食作物 1.127 万亩，玉米亩均产量达 900 公斤，同比增长 28.5%，农业收入为 487.13 万元，同比增长率 6%，最大限度地发挥了土地资源效益，让零散的土地集约成千亩良田，真正让土地"流"出活力，"转"出后劲。

3.3.4 实体带动模式

坚持因地制宜、因村施策，把培育和发展农民合作社、专业服务公司与发展村集体经济结合起来，不断创新符合自身特色、具有地方特点的集体经济发展模式和实现形式（胡功民，2021；孔祥智和魏广成，2021）。

例如，乌苏市头台乡汪家庄子村股份经济合作社采取"村党支部+村股份经济合作社+企业"的模式，与新疆钵施然智能农机股份有限公司签订合约，以 118 万元和 218 万元免息赊置采棉机两台，分三年期还款。采棉机由股份经济合作社专人负责管理经营，在棉花采收期优先采收本集体经济组织成员，且每亩采收费用比市场价低 10 元，让成员直接受益。2022 年采摘棉花 5400 余亩，经营收入达 113.5 万元以上，实现收益 50 万元，此管理模式不仅解决了群众采棉难的问题，还增加了村集体经济组织收入，逐步形成"农民得到增收、企业得发展、集体得收益"的多赢局面；沙湾市四道河子镇下八户村采取党支部+村股份经济合作社+合作社模式，将成员和集体机动地 7930 亩入股到本村 2017 年成立的沙湾四道河子镇众兴合力种植农民专业合作社，由合作社统一经营管理，按照股份从土地经营收益中获得分红。2021 年成员每亩从合作社分红 2700 元，集体经济组织 2800 亩机动地共分红 560 万元。2021 年下八户村集体经济组织为成员分红 79.3 万元，成员人均分红 760 元。走出了一条"土地变股权，农民当股东，有地不种地，收益靠分红"的共赢制合作发展道路。

3.3.5　项目带动模式

要借助农业项目，引进企业落户，引进资本投资，引进项目开发，增加集体经营项目，扩大集体经营规模（邢磊和王盈盈，2023）。地理位置优越的村，要抓住农业开发的机遇，积极兴办和发展水产、畜牧、家禽等农业项目，扩大规模品种，打造一批养殖专业村。山水资源丰富的村，要发展旅游休闲经济，开发观光农业、农家乐等项目，增加村集体的资源开发收入和服务经营收入，打造一批旅游休闲专业村。田地资源丰富的村，要大力发展无公害水果、无公害蔬菜等特色经济，引导农业规模经营，打造一批种植专业村。要大力扶持招商引资项目，借水行舟、借鸡生蛋、借脑发财，打造一批村企共建求发展的专业村（郑世忠等，2023；郑永君等，2023）。

例如，塔城地区已有 23 个村集体经济组织依托当地的产业优势和文化底蕴，聚集文创、民宿、餐饮等一系列乡村新业态，引进文创项目和艺术机构，打造独具特色的文创项目产业集群和旅游发展产业。乌苏市九间楼乡詹家村，2018 年，为保护和传承农耕文化，建设了农耕文化园；2021~2022 年，深入发掘村内各类资源，积极争取项目资金 207 万元，村集体经济组织投入资金 80 多万元，依托"农耕文化园"等原有自然资源，积极打造农耕特色小镇、荷花谷景区，建设带状百亩花海公园、空中画廊、户外拓展体验等，现已建成占地 40 亩修建集垂钓、休闲、餐饮于一体的休闲观光景区，大力推进农家乐、民宿发展建设，推行农事体验等多种经营，成立了农耕园商务有限公司，由公司统一经营，采取"党支部+股份合作社+公司"的方式发展壮大集体经济。2023 年预计村集体旅游业可增收 10 万元，实现企业、集体经济组织共发展的目标，实现一二三产业融合的发展模式。裕民县借助 G219 优势和山花节品牌优势，在江格斯乡江格斯村打造 20 世纪七八十年代的"年代印象"体验园，并通过"年代体验+真情回忆+愉快消费"的模式，推动文化效益与经济效益完美结合，实现了旅游收益、游客满意、村集体增收、群众受益。

3.3.6 股份合作模式

要以资源引资，以资源入股，开辟村级集体经济新的增收渠道。要积极开发利用现有荒山、荒滩、荒地、荒水"四荒"资源，把土地、山林、水面等作为股份，采取与投资人合伙经营、按股分红的方式，参与企业经营，延伸产业链，创新"集体扶持、个人领办、按比分红"的发展模式，获得稳定的土地收益（张先贵，2024；王兆峰和张青松，2024）。要加强存量土地的开发利用，村集体可围绕当地特色产业，集体独资或联合农户参股开发建设特色农产品种植或养殖基地，然后通过发包的方式，增加村集体的发包经营收入。地处城郊接合部等区位优势明显的村，要通过用足用好留用地政策，通过招商引资、入股集资等形式，兴办标准厂房、仓储、市场、宾馆等二三产业载体，以获得稳定的物业租赁收入（汪倩倩，2023）。

例如，2022 年，在"三位一体"改革的强力推动下，吉木萨尔县在充分调研和达成共识下，进一步解放思想，开拓集体经济发展思路，把发展壮大村集体经济和新型农业经营主体培育有机结合，创新村集体经济组织经营新模式和机制，提升农村集体经济发展水平，采用"抱团"发展形式，实现村集体经济组织和规范运行农民专业合作社的优势互补，强强联合，按照"政府主导、村级控股、企业经营、财务监管"的公司化运营新思路，在县农业农村局和二工镇党委、政府统筹协调和指导下，由二工镇头工街东村、头工街西村、大泉湖村、六户地村集体经济组织与自治区示范社雪玲农业专业合作社，按照"村集体经济组织+合作社+农民资本"发展模式，共同出资 2000 万元，成立了吉木萨尔县玉亩良田生态农业服务有限公司。其中村集体经济组织股份占比为 55%，由二工镇董家湾村股份经济合作社、海子沿村股份经济合作社、八户村股份经济合作社、柳树河子村股份经济合作社与自治区示范社庆宏农丰农副产品购销专业合作社共同出资 2000 万元，成立了天庭源农业服务公司，村集体股份占比为 57%，公司董事长分别由董家湾村股份经济合作社和六户地村经济合作社理事长担任，总经理分别由雪玲农业专业合作社和庆宏农丰农副产品购销专业合作社负责人担任，具体负责公司的运营发展。

村集体经济组织、合作社、公司财务由县农经局农村集体资产核算中心全面代理和监管，对账务实行统一管理、分片记账、集中核算，实现了"资产让放心的人来管"。同时，玉亩良田生态农业服务公司积极争取乡村振兴项目资金 600 万元，扩建占地 13.2 亩烘干厂，建设全县第一条打瓜、葫芦烘干、色选加工设备，玉亩良田生态农业服务公司和天庭源农业服务公司分别在城镇片区三个乡镇和三台片区三个乡镇开展农资购销、生产托管服务，农副产品收购、粮食烘干仓储、饲草料加工等农业社会化服务，全力提升农业生产托管服务水平。2022 年，玉亩良田生态农业服务公司预估年收益率为 15%，计划实现公司收益 300 万元，其中村集体经济组织增收 165 万元，天庭源农业服务公司预估年收益率为 18%，计划实现公司收益 380 万元，其中村集体经济组织增收 210 万元。

3.4　新疆新型农村集体经济取得成效

3.4.1　村集体"家底"增厚助力低收入户增收

新疆乡村曾长期面临人多地少、村集体经济弱小等问题，发展缺乏后劲。越来越多的乡村以壮大集体经济为抓手，走上村集体经济"家底"

不断增厚。近年来受益于土地整理工作，这一状况不断改善。土地平整后全村新增加了 3500 亩耕地，目前村集体经济有了 230 多万元的"家底"，沙雅县古勒巴格镇奥图拉库勒达西村的集体经济收入 2021 年比上年增长 3 倍多。除改善农民居住生活环境等，还用到支持农民发展果树、蔬菜、花卉等高附加值农业经营中。2021 年，村子出钱盖起 30 个大棚，请来技术人员免费给农民教授技术，让一批低收入户尝到甜头。农民收入增加了，承包土地和大棚的积极性增加了，交给村集体的承包费也随之增加。

3.4.2　农村经济水平提升

通过开展股份合作，搞活经营机制，在村集体、合作社、企业和农户之间建立了紧密利益联结机制，引导土地整体流转，优化资产资源配置，带动社会资本投入，提高了农村经济规模化、组织化程度，促进了农业生产发展和一二三产业融合。例如，2016 年，小渠子一村被自治区定为首个农村集体产权制度改革试点村，成立了股份经济合作社，全村 165 户、407 名村民把土地流转到合作社，成为股东。村里通过创办创业基地、经营食品产业园等，集体资产快速增长，村民分红逐年增加。奇台县半截沟镇腰站子村也是农村集体产权制度改革的受益者。2018 年，腰站子村按照"村'两委'+合作社+企业+农户"的发展模式，成立了股份合作社，建起了面粉厂和手工挂面厂。2021 年腰站子村种植土地从 14 万亩增加到 20 万亩，在青岛的销售公司将产品销往全国，农业提质增效，产业提档升级，村民共享发展成果。昌吉州从 2016 年起开展农村集体产权制度改革试点工作，截至目前，69 个乡镇的 463 个村全部完成改革任务，股本总额 23.81 亿元，村集体资产达到了 76.76 亿元。昌吉州完成农村集体产权制度改革后，"十四五"时期的主要任务就是加快实现乡村振兴目标，积极引导合作社、产业化联合体，构建"农民入股+保底收益+按股分红"等现代农业合作方式和经营模式，推进产业融合发展，增加农民收入，推进昌吉州乡村振兴取得新的成效。

3.4.3　村集体经济实力显著增强

过去一个时期，部分村财务管理不善，造成历史债务过多，村集体经济发展严重受阻。扶持和发展壮大村集体经济项目实施以来，新疆各县市坚持因地因村施策，空壳村集体经济从无到有，薄弱村集体经济由弱变强，截至 2021 年底，空壳村、薄弱村逐年减少，呈现出良好发展态势，加上配套村级运转经费，有效地破解了资金不足、无钱办事的难题，有力强化了维护稳定根基、有力提高了群众工作水平。不断涌现出特色产业初具规模、经营性收入超过 30 万元的集体经济强村，集体经济实现了较快发展。例如，近年来，昭苏县以党建为引领，夯实筑牢村党组织战斗堡垒，按照"一村一策，循序渐进"的发展思路，重点推广"产业发展型""服务经济型""土地流转型"村级集体经济发展模式，推动村集体经济不断发展壮大。全县大部分村实现了村集体经济收入的倍增，其中有 11 个村的集体收入超百万元。霍图格尔村，距离县城 60 公里，曾是个普通的小山村，如今一跃成为全县响当当的示范村、品牌村。霍图格尔村采用"打包租赁+捆绑经营"，将 38 亩集体耕地、6000 亩集体草场、3 个养殖基地进行资源整合，为村集体增收 63 万元，同时带动邻村增收 20 万元；按照"村企联合"方式，建设牲畜养殖育肥基地、活畜交易市场、家禽养殖场及孕马尿原料采集基地等 7 个产业项目，为村集体增收 31.2 万元；聚焦旅游产业，建设民宿、酒店，打造特色美食区、房车营地，为村集体增收 68 万元。昭苏县吐格勒勤布拉克村摸索出了"支部引领+景点+民宿+农户参与"的发展思路，从盘活村里闲置资产入手，让"沉睡资产"变为"增收活水"。依托项目支撑，吐格勒勤布拉克村对 10 户长期闲置的农户房屋进行改造，新建家庭式民宿 6 个；对荒弃林地、鱼塘进行改造升级，打造了民族团结林、生态观光园；对村委会闲置空地进行优化，建造了 6 间门面房用于就业孵化。在驻村工作队和村"两委"的共同努力下，村里开起了 20 家民宿，特色旅游、特色养殖红红火火，拓展了群众就业渠道、丰富了旅游业态、增加了村集体经济收入。新疆焉眷县积极发挥农村基层党组织的领导核心作用，结合乡镇实际，因地制宜采取一系列有效措施，大力发展村级集体经济，助力乡村振兴。呼尔东村自 2022 年 5 月开始大力引进发展湖羊养殖特色产业（主要是一胞多胎、肉羊繁殖），建设高标准湖羊养殖小区，经营方式上采取"党支部+合作社+农户"、资金上采取"上级给项目支持一点+后盾单位扶持一点+村集体经济自筹一点+老百姓积极参与一点"的模式，推动湖羊特色产业向标准化建设、规模化饲养、产业化经营方向发展。

3.4.4 乡村治理更加有序

村党组织领导探索明晰了农村集体经济组织与村民委员会的职能关系，有效承担了集体经济经营管理事务和村民自治事务，构建起了集体与村民的利益纽带，夯实了农村治理体系。正如基层同志所讲，组织作用发挥了，农民得实惠了。调研发现，很多村党组织书记或党组织委员通过选举兼任村集体经济组织负责人，加强了党的领导。实现了"三资"管理制度化规范化。通过推行村财乡管，成立会计核算中心，保证农村财务的连续性、完整性，强化了乡镇对各村财务管理的指导和监督作用，增加了村民参与权、知情权和监督权，提高了农村财务管理透明度和村级资金使用效益，使农村"三资"管理运营更加科学规范，有效防止了集体资产流失，实现资产保值增值。同时增强了农民群众的集体意识。过去农民群众对集体不关心，现在明确了自己的资产股份，农民自然而然地对集体的发展就关心了，这种资产权利唤醒了农民的集体意识，增强了农民组织化基础，实现了集体优越性与个人积极性的有效结合。村集体经济发展壮大，既带动了农民增收致富，又提升了村级公共服务供给能力，完善了股份合作、民主管理机制，村"两委"的凝聚力和战斗力增强，农民群众获得感、幸福感提升，为农村社会长治久安奠定了良好基础。

3.5　本章小结

本章主要梳理了我国新型农村集体经济的发展脉络，主要体现为四个阶段：萌芽阶段、形成阶段、突破阶段、拓展阶段。另外，我国及其省域新疆的新型农村集体经济发展均取得了一定的成效，如农村集体产权制度改革全面完成、典型经验不断涌现，农村集体"三资"管理机制更加健全、运行更加规范，农村集体经济财政投入显著增强、探索途径日趋多元，健全奖惩机制，考核激励驱动，树立鲜明导向，加强实施监管新疆各地坚持规划先行，因村制宜，审慎确定扶持对象等主要成效，尤其是新疆新型农村集体经济发展为其未来优化奠定基础。目前，新疆新型农村集体经济发展模式主要是资源开发模式、资产盘活模式、土地运营模式、实体带动模式、项目带动模式以及股份合作模式，并对社会创造了经济和社会效益。

第4章 乡村振兴背景下新疆新型农村集体经济发展的内在逻辑

4.1 新型农村集体经济有助于农村巩固社会主义制度

新型农村集体经济是中国特色社会主义公有制经济的重要形式，是巩固中国特色社会主义制度的物质基础，始终与建设和发展中国特色社会主义事业紧密相连。在我国农村，新型农村集体经济是主要的经济形式，关乎着农村各项事业的发展能否与我国社会主义现代化建设相适应。所以，只有坚持发展新型农村集体经济，才能推动农村政治、经济、文化、社会各领域的可持续发展，才能在农村进一步巩固社会主义制度（马良灿，2020）。

4.1.1 新型农村集体经济巩固中国共产党在农村执政的物质基础

中国共产党的领导是中国特色社会主义最本质特征，通过壮大新型农村集体经济，能够使集体的统一经营更好地发挥其服务功能，从而服务于农户的家庭经营的发展，进而解决农户在生产生活中所遇到的问题（宗成峰和李明，2020；王同昌和赵德莉，2023）。除了服务功能外，集体经济还具有组织功能，可以通过集体经营或合作经营的方式，把农民组织起来以资金联合或劳动联合的形式，结成互利共赢的利益共同体。通过发挥新型农村集体经济的服务和组织功能，既能够为农民排忧解难，又能够提高农民收入，使农民群众紧紧地团结在党中央周围，从而很好地巩固了党在农村执政的群众基础。发展壮大新型集体经济，是坚持农业农村公有制经济主体地位的必然要求。公有制是社会主义经济制度的基础，坚持社会主义方向就是坚持以公有制为主体的经济。新型农村集体经济是集体成员利用集体所有的资源要素、通过合作或联合实现共同发展的一种经济形态，是社会主义公有制经济的重要形式。习近平总书记强调，要把好乡村振兴战略的政治方向，坚持农村土地集体所有制性质，发展新型集体经济，走共同富裕道路。新型农村集体经济适应社会主义市场经济发展要求，通过股份合作制改革，明晰产权，让集体经济组织成员成为拥有明晰产权权利的股东，让集体经济组织成为充满活力的市场主体，积极与国有资本、各类社会投资主体开展互惠互利的生产经营开发，在经营管理上实行所有权与经营权分离，实现了集体资产多种形式的保值增值，委托有经营才能的人来经营集体资产，构建起适应社会主义市场经济发展要求的新型集体经济经营形式，确保集体资产快速增值和保值，确保广大社员股东平等享受集体资产增值的好处。

4.1.2　新型农村集体经济完善农村基本经营制度

以家庭承包经营为基础、统分结合的双层经营体制是我国农村的基本经营制度，是党在农村政策的基石。然而，统分结合的双层经营体制在"统"的层面相对薄弱，"统"的功能发挥不够，村集体对村民的服务能力严重不足（杨红娟等，2024；姚毓春和杨玉前，2024）。新型农村集体经济则充分发挥其"统"的功能，利用集体资源资产开展多种形式的合作与联合，把农民组织起来、把资源整合起来、把产业发展起来，有效协调好农业经营中"统"与"分"的关系，充分发挥出双层经营体制的优越性。既能发挥农户家庭经营积极性，又能发挥集体统一经营制度的优越性，是双层经营的农村基本经营制度的优势所在。在实施乡村振兴战略、发展乡村新型服务业和现代农业领域都可以发挥集体统一经营和服务的优越性。现在越来越多的家庭从事农家乐和民宿，农家乐带动了全村农户纷纷效仿，同时村集体又与专业旅游公司等合作成立村旅游开发公司，打造统一经营品牌，积极开拓市场，改善基础设施和专业服务，形成了有分有合、有机融合的、充满活力的双层经济体制（郑淋议和钱文荣，2024）。

4.2 新型农村集体经济推进乡村振兴战略全面发展

全面推进乡村振兴是新时代建设农业强国的重要任务。壮大新型农村集体经济在实施乡村振兴战略的伟大实践中占据着重要的地位（彭澎等，2024；梅维佳，2024）。新型农村集体经济优化整合农村资本、土地、劳动力和技术等资源要素，充分挖掘乡村的经济价值、社会价值、人文价值、生态价值、休闲康养等多元价值，推动特色农业、农村电商、农产品加工业、农文旅融合产业等新产业新业态蓬勃发展，吸引了大批年轻人返乡创业，农民人居环境得到有效改善，乡村治理能力不断提升，全面推动了乡村产业振兴、人才振兴、文化振兴、生态振兴、组织振兴（周笑梅等，2024）。

4.2.1 新型农村集体经济促进农村产业兴旺

新型农村集体经济的发展，既有助于实现小农户和现代农业的衔接，推动现代农业的发展，又有助于提高农民的生产积极性和生产效率，还有助于推进一二三产业的融合发展（何得桂和韩雪，2022）。首先，通过发展壮大新型农村集体经济，有助于实现小农户与现代农业的衔接，推动现代农业的发展。发展集体经济是邓小平关于农业"两个飞跃"思想的核心内容。自改革开放以来。农村集体经济是在新的历史条件及新的经营体制下运作发展的。通过发展农村集体经济，一方面可以为农户提供现代的科学技术和管理方法；另一方面也可以带动农户间的联系，并由此形成因联结起来农户所致的规模化生产，实现农户与市场以及小生产与大市场的有效对接。因此，发展新型农村集体经济既有利于提高农户在市场中的生存力和竞争力，也有利于吸引资金、技术和人才等要素向农村的充分涌入，从而推动农业产业化体系的形成，提高农业现代化水平。这有利于提高农户在市场中的生存力和竞争力。其次，随着新型农村集体经济实力的不断增强，服务的水平和种类也不断地提高和扩大，从而将集体经济统一经营的优越性与家庭承包的经营性结合起来，有利于充分激发和调动农民生产的积极性，又为家庭经营增添活力，提高生产经营效率，夯实乡村的物质基础。最后，随着集体企业和各类经济实体的产生，新型农村集体经济可涉足于农业与非农业多个领域，向加工、流通等各个产业领域持续拓展，壮大农村集体经济，有助于推进一二三产业的融合发展。

4.2.2　新型农村集体经济保障农村生态宜居与治理有效

壮大新型农村集体经济，对实现农村生态宜居具有重要意义。与传统的模式相比，新型农村集体经济更加重视绿色、低碳、循环、可持续的发展模式，通过把农户组织起来开展新型资源，开展以保护自然生态环境为前提的乡村生态旅游和休闲生态农业，从而将经济发展同生态保护结合起来，以绿色发展带动集体经济增长，进而在确保农村集体经济可持续发展的同时，为农户带来了生态宜居的良好环境（李佼瑞和韩晳，2023；刘儒和郭提超，2023）。壮大发展新型农村集体经济，对实现农村乡风文明具有重要意义。发展社会事业是农村乡风文明的重要内容，新型集体经济的发展程度决定着村集体对于农村社会事业的投入程度。新型农村集体经济的发展壮大，可以有效推进城乡要素的双向流动，更多的人力资本、社会资本、生产资料向农村地区流动，积极推进农村教育、医疗、养老事业，提升农村社会公共服务水平，弥补公共服务短板。从各地实践来看，村集体"荷包"充盈起来，通过合理的收益分配制度，一部分投入到公共设施建设及公共服务中，有助于建设宜居宜业和美丽乡村，不仅能提高村民的获得感，还能促使村集体的向心力、全村的凝聚力显著增强，村庄活力得到充分激发。同时通过结合各地特色民俗文化资源，发展多种形式的集体经济，能够在保护各地独特文化的基础上，进一步推动和发展农耕文明，从而更好地适应现代文明发展的需要（王镜淳和穆月英，2023）。

壮大新型集体经济对实现农村治理有效具有重要意义。传统集体经济组织作为集体经济的推动者，往往由组织内部主要成员进行集体经济决策，其他成员参与度低，信息不透明，容易滋生出贪腐问题，也无法确保组织成员的知情权和决策权（郑家喜等，2023）。新型农村集体经济遵循合作与联合的方式，真正将农户纳入新型农村集体经济发展之中，把农民群众有效组织起来，基层党组织就能更好地激发农民群众参与乡村振兴的热情，提高党在农民群众心中的威信，充分发挥战斗堡垒作用。并且新型农村集体经济的发展壮大有助于提高村干部的素质水平、权威和声望，进而提升乡村治理能力。集体经济水平的提高会加大干部报酬的支出，不仅能够激发村干部参与乡村治理的积极性和主动性，而且可以吸引更多的优秀人才进入村干部队伍，村干部综合素质和领导力的提升又进一步地促进集体经济的发展。发展新型农村集体经济也是促进农村治理现代化的物质基础。一方面，有助于农村治理"硬件"的强化，发展新型农村集体经济满足了村级基层组织日常治理活动的物质需求，并且是经济、政治、文化、社会和生态"五位一体"的全方位需求，包括推进农村人居环境整治提升、建设乡村基础设施、提供教科文卫多领域公共服务等，使基层党组织、村民委员会、集体经济组织等治理主体更有能力服务广大农民。另一方面，有助于治理"软件"的更新，新型农村集体经济同时也要求基层组织具备更科学的管理经营方式、更强大的组织动员能力、更民主的自治氛围、更文明的乡风环境，这就要求基层组织提升基层治理能力，完善治理体系，切实履行治理责任，持续促进自治、共治、德治、法治相统一的农村治理现代化进程。

4.2.3 新型农村集体经济实现农村生活富裕

一方面，通过家庭经营、集体经营、合作经营等多种方式发展集体经济，不但能直接为农民创造收益，为农民实现增收创造条件，还能为农民创造就业机会，拓宽就业渠道，从而保障农民收入的稳定性和持续性，进而实现生活富裕（郑瑞强等，2024）。另一方面，当前新型农村集体经济正逐步向制度规范和产权明晰的方向发展，通过农村集体产权的改革进一步明确了农村集体经济组织成员的身份和权益，使成员的财产权利得到进一步的保障。同时，通过利用集体所有的资源要素，采取股份制、股份合作制等多种形式，发展以农户的合作与联合为基础的农村集体经济，实现了资源变资产、资金变股金、农民变股东。这既为农村集体经济组织成员创造了财产性收入，又在一定程度上使成员的收入得到制度化和规范化的保障（管珊，2024）。

4.3 新型农村集体经济引领农村实现共同富裕重要途径

共同富裕是社会主义的本质要求，实现共同富裕是党的重要使命。当前，我国就已经到了扎实推动共同富裕的历史阶段，促进农民农村共同富裕是其中的重点也是难点（刘晴等，2024）。2021年8月，习近平总书记在中央财经委第十次会议上的讲话中不仅强调了"促进农民农村共同富裕"的重要性和迫切性，也强调了"要坚持公有制为主体、多种所有制经济共同发展，大力发挥公有制经济在促进共同富裕中的重要作用"。

4.3.1 新型农村集体经济兼顾农村发展效率和公平

壮大新型农村集体经济组织的经济实力，有利于避免农村两极分化现象的出现（陈健，2022）。在党的重要文献中就曾明确指出，在我国条件下，不能设想可以在一家一户的小农经济的基础上，建立起现代化的农业，可以实现较高的劳动生产率和商品率，可以使农村根本摆脱贫困和达到共同富裕。所以，发展新型农村集体经济，与我国的基本国情以及现代农业的发展相适应，是促进农民农村共同富裕的根本路径。在农村基层党组织的领导和带领下，把分散的农民组织起来，构建起集体经济组织的有效治理体系，形成既体现集体优越性又调动个人积极性的机制，是防止农村内部两极分化、实现共同富裕的根本出路。新型集体经济的发展壮大既有利于促进农村产业发展，增加农民就业机会和劳动收入，把"蛋糕"做大；又有利于增加集体公共积累和财力，为集体成员提供更多福利，把"蛋糕"分好。在集体的引领下，也会有许多先富裕起来的人加入到带动后富裕的人发展到行列中来。

采取按劳分配与按生产要素分配并存的分配结构，确保了效率与公平的兼顾。新型农村集体经济采取农民的合作与联合的形式，这种合作和联合既包括劳动的联合，也包括资金等其他生产要素的联合。在合作与联合的过程中，一方面农民可以按照劳动量获得相应的报酬；另一方面由经营所得的利润不是被个人占有，而是归集体共同所有，共同参与分配（李红杰和刘俊奇，2023；钟真等，2023）。

所以，农民不仅能够按劳获得报酬，也能够共同分享一切经营成果。虽然农民也会因劳动能力等方面的不同而存在一定的收入差距，但是与个体经济相比这种差距还是较小的。同时，当前正在全国范围积极推行的农村集体产权制度改革，明晰了集体产权的边界，集体财产归属更加清晰，在利益分配中更加有效地兼顾了效率与公平，使集体、个人的收入分配更加公平、公正与公开，为实现共同富裕创造了条件。发展农村集体经济，能够提高集体资产使用效率，拓宽集体成员收入来源渠道，有效增加集体成员的财产性收入。一方面，能够通过吸纳优秀人才和学习先进经营管理方式，提高集体资产经营管理水平，做到在激活集体资产的同时，有效避免资产的闲置或低效利用，使脱贫攻坚成效能够得以延续。另一方面，能为集体成员带来更多收入。集体资产所产生的收益由集体成员共享，因而农村集体经济越发壮大，集体资产也就越发丰裕，集体成员也就越能从中获得更为稳定和丰厚的财产性收入。通过参与集体经济组织的生产经营，集体成员还能获得一定的经营性和工资性收入。作为公有制经济的组成部分，集体经济也是防止两极分化、缩小城乡收入差距的重要经济形态。发展新型农村集体经济，要充分发挥其在推动农业规模化经营、实现农业高质量发展、支持乡村新产业新业态中的作用，这是夯实乡村经济基础的重要路径，也是提高农民收入水平，实现共同富裕的有效方式。

4.3.2　新型农村集体经济推进农村社会化服务

新型农村集体经济在一定程度上承担了农村社会公益性责任，推动了农村社会事业发展，减轻了农民的负担。利用新型集体经济的收入可以为集体经济组织成员办理财产、灾害、医疗等各项保险，也可以为成员子女入学提供奖励和扶持，还可以为成员支付各类税费等（毛铖和曹迎新，2024；邓悦等，2024）。这在很大程度上减轻了成员的经济负担。同时，农村集体经济的发展程度决定着村集体的收入和积累，也就决定着村集体对于农村公共资源供给的投入程度，因而集体经济发展较好的村庄，往往在教育、医疗、养老等公共资源供给方面更具有保障，这不仅有助于促进农村社会福利水平的整体提升，也能减轻集体成员常规性支出负担；另外，农村集体经济的发展也有利于吸引物质资本、人力资本、社会资本流向农村，从而有效推动城乡资源要素双向均衡互补流动，为提升公共资源供给水平，以及缓解公共资源供给压力创造条件。同时发展新型农村集体经济有助于更好地开展社会化服务。农村基本经营制度的确立，实现了集体利益与农户利益、家庭经营与社会化服务的融合和统一。

随着家庭经营不断向采用先进科技和生产手段的方向发展，也对集体的服务能力提出了更高的要求。只有新型农村集体的不断壮大，才能形成多元化、多层次、多形式经营服务体系，从而提高集体的服务能力，充分发挥服务功能，解决农户在生产中的难题，实现小生产与大市场、小农户与现代农业的有机衔接，从而更好地把家庭经营的积极性与集体经营的优越性结合起来，在巩固和完善农村基本经营制度的同时，使农户生产能够得到均衡发展，促进农民农村共同富裕。通过发展新型农村集体经济能够更好地实现"以工补农"。集体经营与家庭经营之间存在密切的联系和相互促进的关系，两者使农村集体经济内部互为依存的两个经营层次，同时，发展新型农村集体经济，不只限于为农民家庭经营提供服务，部分农村地区还发展了集体性质的工业，这意味着在"以工补农"的问题上，集体企业及农村合作组织与农户之间有着更加直接的利益关联。所以，对于集体企业及农村合作者来说，"以工补农"一方面是实现农村集体经济自我发展的一种手段；另一方面也属于其经济职能权责范围，是其义不容辞的责任。因此，新型农村集体经济越壮大，"以工补农"的能力和效果就越强，农业农村生产就能得到越快的发展，也就越能促进农民农村共同富裕。

4.3.3 新型农村集体经济提供就业和再就业机会

农村劳动力分配问题，与农村经济发展的关系极为密切，维护农民劳动的权益，也是促进农民共同富裕的基本保障（徐鹏杰，2023；樊祥成和许英梅，2024）。新型农村集体经济目前探索出的现代物流、休闲旅游、特色电商等新产业、新业态，促进了农村一二三产业融合发展，延长了传统农业产业链，创造了更多的非农就业岗位，让农户获得更多产业发展的收入。而且利用农村闲置土地、房产等资源进行的资源发包、物业出租、资产参股等模式，可以使农户参与集体资产分红等二次收入分配，使农村集体资产切实转化为农民增收致富的重要来源，也为农业富余劳动力从事非农产业创造条件，拓宽了农民增收的渠道。并且新型农村集体经济的壮大能够帮助农村弱势群体实现再就业，为顺应现代农业的规模化经营

的要求，部分农村地方对土地进行了流转，也因此产生了一定数量的
"失地"农民，这一群体主要以老人和妇女为主，往往具有年龄较大、文
化程度较低、劳动能力较弱等特征，也是就业困难的群体。通过发展新型
农村集体经济所创造的就业岗位，能够为这一群体提供再就业的机会，进
而有效地解决养老、留守老人和妇女等问题，在提高农民收入的同时，也
在一定程度上避免了农村社会问题的出现（左双双和蔡海龙，2023；张
应良等，2024）。

4.4　本章小结

新型农村集体经济作为社会主义公有制经济的重要形式，其发展壮大
对农村的发展和社会主义制度的巩固具有重要意义。首先，新型农村集体
经济的壮大有助于在农村巩固社会主义制度。随着集体经济的不断发展，
农村社会主义经济基础得到巩固，有利于维护和巩固社会主义制度，保障
农民的合法权益，推动社会主义事业的发展。其次，发展新型农村集体经
济有助于确保乡村振兴战略全面推进。新型农村集体经济是乡村振兴的重
要支撑和保障，可以有效推动乡村产业结构优化升级，增强农村经济发展
的内生动力，实现农业农村现代化。最后，发展新型农村集体经济是引领
农民农村实现共同富裕的重要途径。通过发展集体经济，可以有效提高农
民的经济收入和生活水平，促进农村居民的全面发展，推动农村社会和谐
稳定。

第 5 章　新疆新型农村集体经济发展现实面临的问题

实施乡村振兴战略要 "深化农村集体产权制度改革，保障农民财产权益，壮大新型农村集体经济"。新型农村集体经济在中国农村中扮演着重要的角色，旨在促进农村发展、实现农民共同富裕的目标。然而，尽管新疆农村在集体经济方面取得了一些成就，仍然面临着基础薄弱、创新发展的动力不足、发展新型集体经济人才不够优、群众参与度不高等一系列现实问题（赵志业和张丹阳，2024；王修华和魏念颖，2024；陈晓枫和钱翀，2024）。

5.1　农村集体经济创新发展动力不足

第一，大多数村级集体经济发展模式较为单一，仍以传统的土地、牲畜、房屋发包及出租模式为主，可盘活的经营性资产较少、集体积累少、项目储备少、过度依赖有限集体资产使得村集体增长后劲不足。新疆农村集体经济收益不平衡的问题仍比较突出，呈现出强村很好但数量较少、弱村增收难且覆盖面广的局面（王喜，2023）。截至 2021 年底，全区集体经济有经营收益的村有 6139 个，占村总数的 68.8%，其中 5 万元以下的村有 1140 个，占村总数的 12.77%；5 万～10 万元的村有 1346 个，占村总数的 15.08%；10 万～50 万元的村有 2675 个，占村总数的 29.96%；50 万～100 万元的村有 551 个，占村总数的 6.17%；100 万元以上的村有 427 个，占村总数的 4.78%；无经营收益的村有 2789 个，占村总数的 31.24%。

第二，村集体经济发展思路不宽、方法不多。本地资源优势开发不足，不能因地制宜培育村集体经济增收渠道，工作经费严重依赖区级财政拨款，普遍存在把有限资源通过一次性签订若干年的长期合同打包换取短期集体经济利益增长的问题，虽然短期内集体经济收入增长明显，但是增长后劲不足，严重制约着村集体经济的可持续发展。调研发现，部分村签订的合同时间过长，土地租金严重低于市场均价，村委会也未及时更新或签订补充条款，造成村集体经济收入偏低，没有新的增长点。

第三，绝大部分村主导产业不突出，结构调整不彻底，缺乏一批带动能力强、有实力的龙头企业，缺少具有规模优势的生产基地和有市场竞争力、品牌效应的农产品，农业增加值有待提高，农村集体经济得不到有效发展。

第四，发展村集体经济缺少激励机制。国家及自治区现有政策文件中尚未对农村集体经济组织管理人员的薪酬、表彰、晋升等方面作出明确规定，因缺乏适应市场经济发展需要的奖励激励机制，导致村干部在村集体经济发展上缺乏动力，思考不够，对市场经济新形势下发展集体经济思路不够广、办法不够多，对自身的优势认识不足、挖掘不够，在推动集体经济发展方面能动性不强、责任感偏弱。

5.2　农村集体经济发展人才匮乏

第一，村集体经营管理人才匮乏（张锦兰和何湾，2023）。近年来，村级组织中发展经营性干部较为短缺，且村办合作社或村办公司作为村集体经济的市场主体，无专门经营人员，大部分由村"两委"班子人员兼任，加之村干部年龄普遍偏大、文化程度不高，缺少驾驭市场和经营管理能力，难以跟上新时期农村集体经济发展步伐（匡远配和彭凌凤，2023）。与此同时，由于新疆农村地区对外来人才不具备吸引力，而本地群众普遍学历较低，导致农村集体经济在发展过程中专业技术人才短缺的问题一直难以得到有效解决。

第二，当前基层农经部门机构虚化、职能淡化、力量弱化问题。各地农经体系不健全，县乡村级农经业务人员缺乏，对农村财务和业务知识不熟悉，难以满足农经业务日常工作需要。调研发现，大部分地州、县（市）仅有2~3人兼职承担农经工作，乡（镇）农经人员锐减，个别乡（镇）农经机构处于长期无人在岗状态，难以保证工作质量和效率。如和田地区15个乡（镇）没有专职农经干部，58个乡（镇）仅有1名农经干部。

5.3 农村集体经济政策体系尚不健全

村级集体经济组织作为一种新型市场主体，由于法人治理结构不够完善，缺乏相应的抵押物和有效的担保机制，村集体经济组织很难获得金融部门的支持，贷款融资较为困难（隗苗苗和张汝立，2013）。同时，税收规定滞后于当下农村经济发展的总体变化，虽然财税部门细化落实了在农村集体产权制度改革中免征有关契税、印花税的优惠政策，但对负担更重的企业所得税、股东红利税等还未做明确规定，使农村集体经济组织需承担较高税费负担，这在一定程度上影响了新型农村集体经济发展的步伐。政策体系的不健全可能源于对新型农村集体经济的理解不足。在新型经济形势下，农村集体经济呈现多样性和复杂性，需要更为灵活和创新的政策支持。

然而，一些政策可能仍沿用传统模式，未能及时跟进新兴农村经济的发展趋势，导致对新型农村集体经济的支持不够有力。政策执行层面存在的问题也是政策体系不健全的原因之一。有可能政策制定较为完善，但在实际执行中受到一些制度、人员和资源等方面的制约，导致政策效果不尽如人意。这种情况下，需要深入挖掘政策执行中的瓶颈问题，提出切实可行的解决方案。存在不同政策之间的协调不足，导致政策体系缺乏整体性和系统性。在支持新型农村集体经济的过程中，各相关政策应当相互配合、协同作战，形成一个有机的政策网络。如果存在政策之间的矛盾或重复，将影响政策体系的健全性。

5.4 农村集体经济组织运行管理不规范

自村集体经济组织成立运行以来，存在管理不规范、经营不专业等问题（高鸣等，2021；李雅娟和魏小文，2023）。

第一，新疆新型农村集体经济发展的政经边界的不清晰，导致了经济与社会职能的混淆。政经边界不清晰表现在政府与集体经济组织在决策和管理中的角色不明确。在农村地区，由于政府和集体经济组织在资源配置、项目批准等方面的职责划分不明确，导致政府过度介入集体经济的运作，或者相反，政府对于集体经济组织的支持不足。这种混淆的职责边界阻碍了集体经济的独立运作和有效管理；政经边界不清晰也在一定程度上导致了公共资源的浪费。在调研中发现，集体经济组织和政府部门因为职责不明、信息沟通不畅，造成了一些重复建设、资源浪费的情况。例如，在推动农村旅游发展时，由于政府和集体经济组织在规划和资源整合上存在沟通障碍，导致了同一区域内重复建设旅游设施，浪费了有限的公共资源；政经边界模糊也在一定程度上削弱了集体经济组织的社会服务功能。

由于政府和集体经济组织在社会服务领域的责任不清晰，集体经济组织在发展中未能充分发挥社会责任，导致了农村基础设施建设、教育、医疗等方面的短板。

第二，村股份经济合作社重大事项民主决策程序执行不到位，章程、制度形同虚设，重大事项在决议前酝酿不充分，"四议两公开"走形式的现象，股东的合法权益得不到充分保障。除理事会、监事会成员及股东代表外其他股东知晓率参与率较低。

第三，部分乡村干部没有认真学习领会中央、自治区有关文件精神，理不清股份合作社与村党支部、村民委员会的关系，新成立的村股份经济合作联合社作为农村集体资产管理的主体，主要职能是管理集体资产、开发集体资源、发展集体经济、服务集体成员，在实际工作中没有依照章程开展经营活动，未深入推进农村集体产权制度改革成果巩固工作。

5.5 农村集体"三资"监管手段水平低

当前，农村产权交易市场体系还不健全（黎莉莉等，2023）。自治区交易平台尚未建成，大部分地（州、市）、县（市、区）没有成立交易市场，交易市场体系不健全、队伍不完善，流转交易供需信息不对称、共享水平低、交易不顺畅，南北疆差距较大的问题比较突出。从已运行的交易市场来看，还存在体制机制建设有待进一步理顺、制度和交易流程有待进一步优化、缺乏专业技术团队和运营经验不足、抵押融资和资产评估等延伸服务落地难、交易矛盾纠纷调处工作机制不健全、交易服务定价标准不统一，中介机构及指导标准缺乏等现实问题。新疆地域辽阔，农村基础设施和监管机构建设相对滞后。由于地理位置的限制以及对农村经济的重视程度不足，导致出现了监管手段不高明的现象。缺乏完善的监管机制和有效的监管手段，使得对资金、资产和资质的监管难以做到位，容易出现管理漏洞和监管盲区。新疆农村集体经济发展相对滞后，缺乏专业化管理人才。

农村集体经济组织管理人员的专业素养和管理水平不高，往往无法有效地进行资金、资产和资质的监管工作。缺乏相关知识和经验的管理人员，容易导致对经济活动的监管不到位，从而出现资金挪用、资产流失等问题。新疆农村集体经济中存在部分人员道德观念不强、法治意识淡薄的现象。一些管理人员和从业者缺乏诚信意识，容易出现违规操作和不端行为。缺乏有效的监督和惩处机制，使得这些问题得不到及时有效的处理，进一步加剧了监管手段水平不高的问题。

5.6　农村资产收益分配不合理

农村土地经营权抵押贷款、融资担保等创新业务尚未全面推开，盘活农民闲置宅基地和闲置农房政策不够完善，农村土地和房屋财产的收益权、处置权目前还没有完全实现；促进集体资产保值增值难度大，农民获得租金、股息、红利等收入普遍不高（高强和孔祥智，2020）。从自治区农民收入中财产性收入的比重这个指标来看，改革的成效还未能充分显现。调查发现，南疆村集体经济发展获得的收益大部分进行了村民分红，预留的发展基金严重不足，甚至有一部分村集体经济组织将全部收益都进行了分红，分红数额不高。2021 年，新疆农村居民财产净收入占农村居民人均可支配收入比重仅为 2.3%，比 2014 年降低 0.3 个百分点，少数的发达地区能够达到 20% 左右，财产性收入水平亟待提升，增长的潜力和空间较大。

5.7 农村集体经济参与主体松散

调研发现，新疆农村集体经济参与主体松散，难以形成组织化经营管理。集体经济参与主体的松散性使得农村集体经济缺乏有效的组织架构（宋志红，2021）。在一些农村地区，由于人员流动、农户个体经营等原因，集体经济组织的成员结构相对分散，缺乏紧密的组织纽带，导致了集体经济在决策、管理等方面难以形成统一的意志，阻碍了经济活动的有序进行；松散的主体参与也使得集体经济在经营管理上难以形成有效的协同机制。在实际调研中，发现一些农村集体经济组织由于成员之间缺乏有效的沟通和协作，导致资源利用不合理，经济效益低下。例如，在合作社的农产品生产和销售过程中，由于缺乏有效的协调，导致了产销失衡、资源浪费等问题；集体经济主体的松散性还在一定程度上制约了农村经济社会的可持续发展。由于缺乏有效的组织架构和管理机制，集体经济在面对市场变化、政策调整等外部环境时往往显得无力应对，限制了农村经济的发展潜力。

5.8 农村集体经济资源固化

新疆农村资源的固化成为影响新型农村集体经济发展的重要因素。在深入的地区调研中，发现农村资源的固化导致了生产效率相对较低，成为新疆党组织在推动农村经济发展中的难题。农村资源固化主要表现在土地利用方式的单一和农业生产结构的僵化。在农村地区，由于长期以来的传统种植模式和经济作物的单一种植，导致了土地的单一利用，难以实现多元化的农业发展，使得农村经济对外部市场的适应能力减弱，生产效益相对较低；资源固化也表现为农村劳动力的结构相对不合理。由于长期以来的传统观念和农业生产模式的固化，农村劳动力主要集中在传统的农业生产领域，缺乏对新型产业和技术的适应能力，导致了农村生产效率的提升受到一定制约，阻碍了农村经济的全面发展；农村资源的固化也在一定程度上阻碍了农村经济的可持续发展。在市场需求和环境变化的背景下，过度依赖传统农业和资源固化的模式往往使得农村经济难以适应外部变化，限制了农业产业的创新和发展。

5.9 农村农业产业化程度低

新疆新型农村集体经济在发展过程中农业产业化程度低，内生合力不足，制约了新疆党组织在推动农村经济发展中的效果。农业产业化程度低主要表现在农产品生产与市场的脱节。由于农村农业生产仍然停留在传统的小规模、散乱的经营模式下，导致了农产品供应无法满足市场需求。例如，合作社生产的特色农产品由于产量不足，未能形成规模效应，导致市场销售受限，影响了农户的收入水平；农业产业化程度低还使得农村经济内生合力不足（谢文帅，2023）。由于农业产业链的单一和缺乏内部协同机制，农村经济未能形成良好的内生动力。例如，合作社由于只注重某一品种的生产，未能实现农产品的深加工和多元化经营，使得内生合力不足，难以实现农业经济的可持续发展；低程度的农业产业化也在一定程度上制约了农业科技的应用。在调研中了解到，农户由于没有形成规模化的生产，难以吸引足够的投入用于科技创新和设备更新，使得农业生产方式相对滞后，影响了农产品的质量和效益。

5.10 农村资源禀赋与区域发展模式失衡

新疆农村资源禀赋与区域发展模式失衡，导致投入产出效益低下（郑家喜等，2023）。资源禀赋与区域发展模式失衡主要表现在农村区域内不同地段资源利用不均衡。农村由于资源分布的不均，导致了农村发展过程中产业结构单一，缺乏多元化的发展模式。例如，农村由于地理位置的限制，主要依赖传统农业和畜牧业，而对于发展新型产业和服务业的尝试相对不足，造成了农村经济的结构性问题；投入产出效益低主要体现在资源利用不当，导致了经济效益的相对低下。在调研中发现，一些农业项目由于未能合理配置资源，使得投入大而产出相对较小。例如，农村投入大量资金用于发展传统农业，但由于市场需求的不断变化和全球市场竞争激烈，导致了农产品的销售难题，使得投入产出效益相对较低；失衡的资源禀赋也在一定程度上影响了农村区域的可持续发展。部分农村由于对自身资源的过度依赖，未能充分挖掘潜在的经济增长点。例如，农村地区虽然拥有丰富的自然资源，但由于缺乏对新兴产业的开发和引导，导致了经济增长的长期停滞，限制了农村区域的可持续性。

5.11 农村集体经济农户参与度不足

农户参与度不足，导致获得感与幸福感相对较低，直接关系到新疆党组织在推动农村经济发展中的可持续性和社会稳定性（韩育哲，2023）。农户参与度不足主要表现在农村居民对于集体经济组织的参与热情相对较低。农村由于信息不畅、参与机制不健全等，农户对集体经济的认知和了解有限，导致农户对参与集体经济组织的积极性不高。例如，合作社在开展新项目时，由于未能充分向农户传递相关信息，导致农户对项目的犹豫和观望，影响了项目的顺利推进；农户参与度不足也直接影响了集体经济组织的运作和管理效能。在实地调研中发现，一些农村合作社由于缺乏农户的积极参与，导致了决策的单一性和管理的滞后。例如，合作社在制定发展规划时，由于未能充分征求农户的意见，导致了规划的实际执行效果不如预期；农户参与度不足也直接关系到农村居民的获得感与幸福感。在调研中发现，一些农户对于自身参与集体经济组织所获得的实际利益感受不明显，缺乏对集体经济发展的实质性认同。例如，农村居民在合作社发展新产品时，由于未能充分享受到项目带来的利益，感受到的获得感较低，影响了对集体经济的信心。

5.12　本章小结

随着社会的变迁、经济的发展、制度的优化，新疆新型农村集体经济发展也呈现出新的问题，现阶段面临的主要问题是创新发展的动力不足，发展集体经济的经营人才不够优，政策体系尚不健全，农村集体经济组织运行管理不规范，农村集体"三资"监管手段水平不高，农村资产财产功能未有效发挥，收益分配不合理，集体经济参与主体松散，难以形成组织化经营管理，农村资源固化，生产效率较低，农业产业化程度低，内生合力不足，资源禀赋与区域发展模式失衡，投入产出效益低，农户参与度不足，获得感与幸福感低，执行准则不明确，资产缺乏有效监管等问题。因此，只有认识并深入剖析症结所在，才能做到对症下药，优化新疆新型农村集体经济发展。

第6章　新疆新型农村集体经济发展的微观参与主体行为演化博弈分析

6.1　参与主体行为演化博弈理论机制分析

新疆的农村经济一直以来都是中国经济发展中备受瞩目的一环，而新型农村集体经济作为推动农村转型的关键力量，在这一过程中扮演着重要的角色。本章将通过文献综述，深入探讨新疆新型农村集体经济的演化博弈，主要关注地方政府、涉农企业、农户和新型农村集体经济组织这四大主体在博弈中的角色、策略与相互关系。新疆的农村经济一直面临着多重挑战，包括资源配置、经济结构转型等方面的问题。近年来，为促进农村经济的可持续发展，新型农村集体经济逐渐成为实现农村振兴的关键所在。该经济形式在其演化过程中受到地方政府、涉农企业、农户和新型农村集体经济组织等多方面因素的影响，形成了一种动态的博弈关系（黄小勇等，2023；Phelps 等，2004，2005；Ficici 和 Pollack，2003；Dickson，2008；Kara 和 Martins，2021）。

地方政府在新型农村集体经济的演化博弈中扮演着至关重要的角

色。相关文献表明，地方政府通过政策制定、资源调配和市场导向等手段，直接影响着新型农村集体经济的发展路径。在演化博弈中，地方政府既是决策者，也是协调者。其策略包括推动农业现代化、促进集体经济组织的规范化发展、引导涉农企业创新等。然而，地方政府在制定策略时需要充分考虑各种因素，以确保政策的可行性和可持续性。涉农企业作为新型农村集体经济的市场主体，其行为与策略对整个博弈格局具有深远影响。研究指出，涉农企业在追求经济效益的同时，也需要考虑社会责任和可持续发展。在演化博弈中，涉农企业的策略选择包括技术创新、品牌建设、社会责任投入等方面。同时，其与地方政府、农户及新型农村集体经济组织的互动，决定了整个博弈系统的稳定性和可持续性。农户作为农村经济的基本单元，其生计与选择直接影响着新型农村集体经济的演化。

研究表明，农户在博弈中既是受益者，也是决策者。其策略包括是否加入新型农村集体经济组织、选择何种农业生产方式、应对市场波动的策略等。农户的选择受到土地所有权、家庭需求、文化传统等多种因素的制约。在博弈中，农户与其他主体的互动既体现为合作又存在竞争，形成了一个相互制约的关系网络。新型农村集体经济组织是整个博弈中的组织者和协调者，其发展路径决定了整个系统的演化方向。研究发现，这些组织通过整合农村资源、提升农业生产效率、拓展市场渠道等策略，不仅推动了农村集体经济的演化，还为农户提供了更多的发展机会。然而，这些组织在演化过程中也面临着管理能力、成员参与度和外部环境等方面的挑战，需要不断调整其策略以适应新的挑战（曹飞，2018；顾海蔚和宋宏，2019；吕丹和薛凯文，2021；赵勇和慕良泽，2023；胡彩娟和倪建伟，2022；王蔷等，2023）。

通过对新疆新型农村集体经济的演化博弈进行文献综述可以看到，地方政府、涉农企业、农户和新型农村集体经济组织之间形成了一个错综复杂的博弈关系网络。这种博弈不仅涉及经济层面的利益分配，还涉及文化、社会、环境等多个层面。在未来的研究和实践中，需要更加深入地探讨各主体之间的协同机制、文化差异对博弈的影响以及政策调整对农村集体经济发展的影响，以推动新疆农村经济的健康可持续发展。

综上所述，新疆新型农村集体经济的演化博弈理论机制分析主要从地方政府、涉农企业、农户以及新型农村集体经济组织这四个主体的互动出发，探讨在新型农村集体经济发展过程中各主体的策略选择及其相互作用，从而揭示农村集体经济演化的动态过程和机制。

6.1.1　演化博弈的框架设定

在新疆新型农村集体经济的发展过程中，地方政府、涉农企业、农户以及新型农村集体经济组织构成了演化博弈的主体，每个主体都根据自己的利益最大化目标，选择最优策略。这个演化博弈的过程是动态的，各主体的策略选择会随着时间的推移和外部环境的变化而调整。

6.1.2　主体之间的策略选择和互动

6.1.2.1　地方政府

地方政府在新型农村集体经济中扮演着至关重要的角色，其主要目标是推动地区经济发展和社会稳定（赵哲耘等，2024；徐妍等，2024）。为了实现这一目标，地方政府可能采取的策略包括提供政策支持、财政补贴、土地资源配置等。地方政府的策略选择会受到其财政状况和政策导向等因素的影响。首先，地方政府通过提供政策支持来促进新型农村集体经济的发展。这种支持包括制定相关政策法规，推动产业升级和技术创新，为涉农企业提供便利条件等。例如，地方政府可以出台农业产业发展规划，支持农村集体经济组织的规范化运营，为涉农企业提供市场准入和土地使用的便利。其次，地方政府可能通过财政补贴来支持新型农村集体经济的发展。这种补贴可以用于农业生产资金、农业技术推广、农产品加工等方面，以降低农户和涉农企业的经营成本，提高其竞争力。此外，地方政府还可以通过税收优惠等方式来激励涉农企业的发展，促进农村经济的增长。最后，地方政府可能通过土地资源配置来支持新型农村集体经济的发展。土地是农村经济的重要生产要素，地方政府可以通过土地流转、承包制度改革等方式，优化土地资源配置，提高土地利用效率。例如，地方政府可以推动农村集体经济组织与农户签订土地流转协议，将散地整合为规模化经营的专业合作社或农业企业，从而提高农业生产效率和经济效益。总的来说，地方政府在新型农村集体经济的发展中起着至关重要的作用，其策略选择直接影响着农村经济的发展路径和效果。在未来的实践中，地方政府需要在财政状况和政策导向等方面做出全面考量，制定科学合理的政策措施，推动新型农村集体经济健康可持续发展。

6.1.2.2　涉农企业

涉农企业作为市场的主体，其核心目标是追求利润最大化（韩正涛和张悟移，2020；李美娆和曲丽丽，2023）。这种追求在新型农村集体经济中显得尤为重要，涉农企业通过与农户和新型农村集体经济组织合作，参与产品的生产、加工和销售，从而在市场中占有一席之地。然而，这一过程中涉农企业的策略选择并非简单的经济决策，而是受到市场需求、成本控制、技术创新和政策环境等多方面因素的综合影响。一方面，市场需求是涉农企业策略选择的主要驱动力之一。了解并满足消费者的需求是企业取得市场份额的关键。因此，涉农企业需要根据市场趋势、消费者偏好和社会需求来调整产品的种类、质量和定价策略。通过深入了解市场需求，涉农企业可以更好地满足消费者的期望，提高产品的市场竞争力。另一方面，成本控制是涉农企业策略选择中不可忽视的因素。在农村经济中，由于生产条件的多样性，成本控制涉及土地、劳动力、技术和管理等多个方面。因此，涉农企业需要精细管理生产过程，寻找降低生产成本的有效途径。这可能包括采用先进的农业技术、优化供应链、提高劳动生产率等措施，以确保产品在市场上的竞争力。技术创新也是涉农企业策略选择中的重要考虑因素。随着科技的不断进步，新型农村集体经济需要适应和采用先进的生产技术，提高农业生产效率和产品质量。涉农企业可以通过引入新的种植技术、改进生产流程、提高产品附加值等方式实现技术创新。这不仅有助于提高企业的竞争力，还有助于农村经济的现代化和可持续发展。政策环境是影响涉农企业策略选择的另一重要因素。地方政府的政策导向、支持措施和产业规划都会直接影响到涉农企业的发展方向。例如，政府可能通过提供税收优惠、财政支持、市场准入便利等方式来鼓励农村企业的发展。因此，涉农企业需要密切关注政策变化，灵活调整策略，以更好地适应政策环境的变化。总体而言，涉农企业在新型农村集体经济中的策略选择是一个综合性的过程，涉及多个方面的考虑。通过深入了解市场需求、合理控制成本、不断进行技术创新和灵活应对政策环境，涉农企业可以更好地实现在农村经济中的可持续发展。这种发展不仅有助于企业自身的繁荣，也为农村社区提供了更多的就业机会和经济活力，促进了整个地区的可持续发展。

6.1.2.3 农户

农户作为农村经济的基本单元，承担着维系家庭生计和发展经济的重要责任（刘发蔚等，2023；王越等，2023）。其主要目标是提高生活水平和经济收入，因此，农户的策略选择对整个农村经济的发展具有至关重要的影响。这种选择不仅涉及个体生存和发展的利益，也直接影响农村社区的稳定和可持续发展。农户的策略选择包括参与或不参与新型农村集体经济组织、选择种植或养殖业务、采用传统或现代农业技术等方面。一方面，农户在选择是否参与新型农村集体经济组织时需要权衡利弊。参与集体经济组织可能意味着获得更多的资源支持、技术指导和市场保障，但也可能面临着个体权益受损、决策参与度降低等问题。因此，农户需要根据自身的实际情况和发展需求，合理选择是否加入集体经济组织，以最大化自身利益。另一方面，农户在选择种植或养殖业务时需要考虑到土地条件、市场需求和经济效益等因素。不同地区的土地资源和气候条件不同，适宜种植或养殖的农产品也有所差异。因此，农户需要根据自身的资源条件和市场需求，选择种植或养殖适合自己的农产品，以提高生产效率和经济效益。同时，农户在采用农业技术方面也面临着选择的问题。传统农业技术往往依赖于人力劳动和自然条件，虽然成本较低，但生产效率和产品质量有限。而现代农业技术则可以通过机械化、自动化和智能化等手段提高生产效率和产品品质，但也需要投入更多的资金和技术支持。因此，农户需要权衡利弊，选择适合自己的农业技术，以提高农产品的竞争力和市场占有率。农户的选择受到多种因素的影响，其中包括家庭需求、资源条件、市场信息和政策支持等。家庭需求是农户选择的首要考虑因素，决定了农户的生产和消费行为。资源条件包括土地、劳动力和资金等方面，直接影响农户的生产能力和生产方式。市场信息是农户决策的重要参考，决定农产品的销售渠道和价格水平。政策支持是农户选择的外部环境因素，对农户的生产行为和发展路径具有重要影响。在实际农村经济发展中，农户的策略选择往往是一个动态的过程，受到多种因素的影响和制约。因此，为了促进农村经济的健康可持续发展，需要综合考虑农户的实际情况和发展需求，提供更多的政策支持和技术指导，引导农户选择科学合理的发展路径，实现经济效益和社会效益的双赢。

6.1.2.4　新型农村集体经济组织

新型农村集体经济组织作为推动农村经济发展的重要力量，在整个农村经济体系中扮演着组织者和协调者的角色（刘立刚等，2022）。其主要目标是整合农村资源，提高农业生产效率和农产品市场竞争力，从而促进农村经济的健康发展。为了实现这一目标，新型农村集体经济组织可能采取一系列策略，包括发展规模经济、提升技术水平、优化资源配置和加强市场营销等。首先，新型农村集体经济组织可能通过发展规模经济来提高生产效率和降低成本。规模经济是指随着生产规模的扩大，单位产品的生产成本逐渐降低的现象。这意味着通过扩大生产规模，集体经济组织可以更有效地利用资源，提高生产效率，降低生产成本，从而在市场上获得更大的竞争优势。例如，新型农村集体经济组织可以通过引进先进的生产设备和技术，实现生产自动化和流水线作业，提高劳动生产率和产品质量。其次，新型农村集体经济组织可能通过提升技术水平来实现农业现代化和产业升级。技术水平的提升包括引进新的农业生产技术、改良传统的种植和养殖方式、加强科研和技术创新等方面。这些举措可以帮助集体经济组织提高农产品的品质和附加值,拓展产品的市场份额,增加企业的盈利能力。同时,技术水平的提升还可以促进农村经济的现代化和可持续发展,提高农民的生活水平和社会福利。再次,新型农村集体经济组织可能通过优化资源配置来实现资源的合理利用和配置。农村资源的优化配置包括土地、水资源、人力资源和资金等方面。集体经济组织可以通过土地流转、合作化经营、资源共享等方式,实现资源的集约利用和优化配置,提高农业生产效率和经济效益。这不仅有助于解决农村资源的闲置和浪费问题,还可以促进农村经济的可持续发展,实现农民的增收致富。最后,新型农村集体经济组织可能通过加强市场营销来拓展产品的销售渠道和提升品牌知名度。市场营销包括市场调研、产品定位、渠道建设、品牌推广等方面。集体经济组织可以通过开展市场调研,了解消费者的需求和偏好,根据市场需求调整产品结构和品质,提高产品的市场竞争力。同时,集体经济组织还可以通过拓展销售渠道,加强品牌宣传,提升产品的知名度和美誉度,增加产品的销售量和市场份额。

总的来说,新型农村集体经济组织的策略选择是一个复杂而多样化的过程,涉及内部管理能力、成员的参与度和外部环境等多方面因素的影响。只有合理选择策略,并不断调整和优化策略,才能更好地实现农村资源整合、生产效率提升和市场竞争力增强,推动农村经济的健康可持续发展。因此,在未来的实践中,新型农村集体经济组织需要密切关注内外部环境的变化,灵活调整策略,不断提升自身的竞争力和发展能力。在新疆新型农村集体经济的发展过程中,各主体之间的互动构成了一个复杂的动态系统。地方政府的政策导向、涉农企业的市场行为、农户的生产决策以及新型农村集体经济组织的组织行为,相互之间既有合作也有竞争,形成了一个不断演化的博弈过程。在这个演化博弈过程中,各主体不断根据外部环境和其他主体的策略调整自己的行为,以寻求最佳的策略组合。随着时间的推移,这一过程可能导致新型农村集体经济模式的不断优化和发展,也可能揭示出需要政策调整或改进的领域。通过对新疆新型农村集体经济演化博弈的理论机制分析可以看到，地方政府、涉农企业、农户和新型农村集体经济组织之间的策略选择和互动是影响新型农村集体经济发展的关键因素。理解这些演化博弈过程对设计有效的政策干预、促进农村集体经济的健康发展具有重要意义。

在农村经济发展中，新型农村集体经济发展是一项重要举措，通过激活农村生产资源，促进农村经济的发展。在这一过程中，地方政府、涉农企业、新型农村集体经济组织以及农户等各方都扮演着重要的角色，并存在明显的利益博弈。为了构建互利共生的合作机制，需要充分发挥各方的主动性和积极性。地方政府作为新型农村集体经济发展的调控主体，在推动这一进程中起着关键作用。新型农村集体经济发展仍处于初创阶段和成长阶段，需要政策和外部环境的支持。地方政府可以通过有效的监督手段和激励政策，引导涉农企业参与新型农村集体经济，鼓励新型农村集体经济组织和农户积极参与，以促进农村闲置资源的有效利用。涉农企业作为执行主体，在新型农村集体经济发展中发挥着重要作用。它们通过引入资本、技术和人才等外部要素，带动农村经济的发展，影响着新型农村集体经济发展的程度和农村资源的转化效率。因此，涉农企业的参与受到市场收益、产业基础、投入成本、政府政策等多方面因素的影响。新型农村集体经济组织是新型农村集体经济体系中不可或缺的参与主体。它们拥有农村资源，但大多为固定资产，需要推动资源变资产，发挥经济主体作用，促进农民共同富裕。实践经验表明，新型农村集体经济组织的行为对激发农村资源内部活力至关重要，其参与程度受到政府和企业的关注。农户作为乡村产业的实践主体，对新型农村集体经济发展具有重要影响，可以通过多种方式参与融合经营建设，吸引农户返乡务工，实现农村资源的有效利用。同时，农户还具有社会监督作用，对政府和企业行为发挥着约束和引导作用，四方的博弈关系如图 6-1 所示。

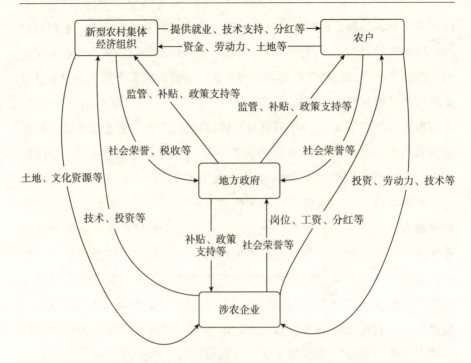

图 6-1 新型农村集体经济发展中多元参与主体演化博弈关系

6.2 参与主体行为演化博弈关系与模型构建

为了明晰新疆地方政府、涉农企业、农村集体经济组织和农户的利益冲突和最优选择，提出以下基本假设。

假设 1：新型农村集体经济发展的参与主体及其行为目标。参与主体包括地方政府、涉农企业、新型农村集体经济组织和农户，都是有限理性的博弈者，在信息充分的情况下，根据新型农村集体经济发展的演进路径不断调整行为策略。地方政府以实现社会福利最大化为目标，涉农企业专注于实现利润最大化，农村集体经济组织追求集体利润的最大化，而农户则致力于实现自身利益的最大化。

假设 2：地方政府在新型农村集体经济发展过程中的两种策略选择：严格监管和不严格监管。在这一过程中，地方政府需要权衡各种因素，包括监管成本、补贴政策、社会声誉等。具体来看，地方政府监管新型农村集体经济发展项目可能会面临一定的成本（记为 C_{11}）。涉农企业参与新型农村集体经济发展时，地方政府可以给予补贴（记为 S_{11}），例如税收减免、专项补助资金等，并从中获得一定的税收收入（记为 T_{11}）。农村集体经济组织参与时也可以得到类似的补贴（记为 S_{12}），并缴纳相应的税收收入（记为 T_{12}）。农户如果支持新型农村集体经济发展，也可以获得相应的补贴（记为 S_{13}），例如专项补助资金等。此外，地方政府在选择监管力度时，会对其社会声誉产生影响，严格监管时享有较好的社会声誉（记为 R_{11}），而不严格监管时则可能损失声誉和公信力（记为 R_{12}）。监管力度可以用参数 e（$0<e<1$）来表示。在制定政策时，地方政府需要考虑到各方利益，平衡好监管成本与社会效益之间的关系。严格监管可以确保项目的质量和效益，提升政府的社会声誉，但也会增加成本和压力；而不严格监管可以降低企业和组织的负担，但可能会带来监管漏洞和社会信任问题。因此，地方政府在实践中需要根据具体情况和发展阶段灵活调整监管策略，以实现新型农村集体经济发展的顺利推进和社会经济效益的最大化。

假设 3：涉农企业在新型农村集体经济发展中的两种策略选择：参与和不参与。涉农企业在做出这一选择时需要考虑多方面的因素，包括投入的运营成本、可能获得的收益以及社会声誉等。涉农企业选择参与新型农村集体经济发展时需要投入一定的运营成本（记为 C_{21}），这包括数字化生产过程所需的改造成本、人才引进成本等。如果涉农企业选择参与并且其他三方至少有一方选择积极策略，那么涉农企业将有机会获得额外收益（记为 T_{21}）。这些额外收益来自涉农企业投入要素与农村闲置资源要素的融合，其收益系数为 ξ（$0<\xi\leqslant 1$）。然而，如果其他三方选择消极策略，那么要素市场化配置范围将受到限制，要素流动也可能受到制度性障碍，

导致涉农企业承担资源的损失（记为 L_{21}）。另外，如果涉农企业选择不参与新型农村集体经济发展，那么其社会声誉可能会受损（记为 R_{21}）。在制定策略时，涉农企业需要权衡各种利益，考虑到投入与收益之间的平衡以及对社会声誉的影响。参与新型农村集体经济发展可能会带来更多的机遇和收益，但同时也伴随一定的风险和成本。因此，涉农企业需要根据自身实际情况和发展需求，谨慎选择适合的策略，以实现自身利益最大化并促进新型农村集体经济发展的顺利进行。

假设 4：新型农村集体经济组织在农村集体经济发展中的两种策略选择：积极参与和不积极参与。在做出这一选择时，新型农村集体经济组织需要考虑到投入的运营成本、可能获得的收益以及对社会声誉的影响。新型农村集体经济组织选择积极参与新型农村集体经济发展时需要投入一定的运营成本（记为 C_{31}），这包括搭建乡村智能体平台、农村资源数字化平台、人才引入成本等。如果农村集体经济组织选择不积极参与，或者积极参与但是其他三方至少有一方采取消极策略，那么它将承担由资源闲置带来的潜在损失（记为 L_{31}）。然而，如果其他三方至少有一方选择积极策略，那么新型农村集体经济组织将享有农村闲置资源增值的额外收益（记为 T_{31}），其收益系数为 ω（$0<\omega\leqslant 1$）。反之，新型农村集体经济组织仅获得基本收益（记为 T_{32}）。此外，如果新型农村集体经济组织选择不积极参与，那么其社会声誉可能会受损（记为 R_{31}）。新型农村集体经济组织的参与程度可以用参数 λ（$0<\lambda<1$）来表示。在制定策略时，新型农村集体经济组织需要全面考虑各种因素，平衡投入与收益之间的关系，并根据自身情况和发展需求选择适合的策略。积极参与新型农村集体经济发展可能会带来更多的机遇和收益，但也伴随着一定的风险和成本。因此，新型农村集体经济组织需要在策略选择上谨慎权衡，以实现自身利益最大化并促进新型农村集体经济发展的顺利进行。

假设 5：农户在新型农村集体经济发展中的两种策略选择：支持和不支持。农户在做出这一选择时需要考虑到投入的成本、可能获得的收益以及对资源利用的影响。首先，农户选择支持新型农村集体经济发展时需要投入一定的成本（记为 C_{41}），例如参与生产技能培训、购买先进设备等。如果农户选择不支持，或者支持但是其他三方至少有一方采取消极策略，那么农户将承担由资源闲置带来的损失（记为 L_{41}）。然而，如果其他三方至少有一方选择积极策略，那么农户将享有额外收益（记为 T_{41}），否则仅获得基本收益（记为 T_{42}）。在制定策略时，农户需要综合考虑投入与收益之间的关系以及对资源利用的影响。支持新型农村集体经济发展可能会带来更多的机遇和收益，但也伴随一定的成本和风险。因此，农户需要在策略选择上做出谨慎权衡，以实现自身利益最大化并促进新型农村集体经济发展的顺利进行。

假设 6：地方政府选择监管策略、涉农企业参与决策、新型农村集体经济组织参与决策以及农户支持决策的概率。具体而言，地方政府选择严格监管的概率为 x（0<x<1），则不严格监管的概率为（1-x）；涉农企业选择参与的概率为 y（0<y<1），则不参与的概率为（1-y）；新型农村集体经济组织选择积极参与的概率为 z（0<z<1），则不积极参与的概率为（1-z）；农户选择支持的概率为 p（0<p<1），则不支持的概率为（1-p）。

相关变量及含义如表 6-1 所示，并根据四方主体的成本收益分析，得到支付矩阵如表 6-2 所示。

表 6-1 相关变量及含义

变量		变量说明
地方政府	x	地方政府选择严格监管的概率
	C_{11}	地方政府严格监管农村集体经济发展项目的成本
	S_{11}	地方政府严格监管时，对涉农企业参与农村集体经济发展项目时给予的补贴；而不严格监管时为 eS_{11}
	S_{12}	地方政府严格监管时，对新型农村集体经济组织参与农村集体经济发展项目时给予的补贴；而不严格监管时为 eS_{12}
	S_{13}	地方政府严格监管时，对农户支持农村经济发展项目时给予的补贴；而不严格监管时为 eS_{13}
	T_{11}	涉农企业参与农村经济发展项目需缴纳的税收

续表

变量		变量说明
地方政府	T_{12}	新型农村集体经济组织参与农村经济发展项目需缴纳的税收
	R_{11}	地方政府严格监管时享有的良好声誉
	R_{12}	地方政府不严格监管时的声誉损失
	e	地方政府的监管力度，此时监管成本为 eC_{11}
涉农企业	y	涉农企业选择参与的概率
	C_{21}	涉农企业参与农村经济发展项目需投入的运营成本
	T_{21}	涉农企业参与且其他三方都采取积极策略获得资源增值的额外收益
	ξ	额外收益系数，涉农企业积极参与但其他三方至少一方采取积极策略时，额外收益为 ξT_{21}
	T_{22}	涉农企业参与农村经济发展项目获得的基本收益
	L_{21}	涉农企业参与时，其他三方至少一方采取消极策略将承担的资源损失
	R_{21}	涉农企业不参与时的声誉损失
新型农村集体经济组织	z	新型农村集体经济组织选择积极参与的概率
	C_{31}	新型农村集体经济组织参与农村经济发展项目投入的运营成本
	L_{31}	新型农村集体经济组织不积极参与或积极参与但其他三方至少一方采取消极策略时，将承担的资源损失
	R_{31}	新型农村集体经济组织不积极参与农村经济发展项目的社会声誉损失
	T_{31}	新型农村集体经济组织积极参与且其他三方采取积极策略获得资源增值的额外收益
	ω	新型农村集体经济组织的额外收益系数，若新型农村集体经济组织积极参与但其他三方至少一方采取积极策略时，额外收益为 ωT_{31}；不积极参与但其他三方至少一方采取积极策略时，额外收益为 $\lambda\omega T_{31}$
	T_{32}	新型农村集体经济组织参与农村经济发展项目获得资源增值的基本收益
	λ	新型农村集体经济组织的参与程度，此时运营成本为 λC_{31}
农户	p	农户选择支持的概率
	C_{41}	农户支持农村经济发展项目需投入的成本
	L_{41}	农户不支持或支持但其他三方至少一方采取消极策略时将承担的资源闲置损失
	T_{41}	农户支持农村经济发展项目获得资源增值的额外收益
	T_{42}	农户支持农村经济发展项目获得资源增值的基本收益

表6-2 演化博弈阶段支付矩阵

变量		游农企业			
		农户参与		农户不参与	
		支持	不支持	支持	不支持
地方政府 农村集体经济组织严格监管	积极参与	$-C_{11}-S_{11}-S_{12}-S_{13}+R_{11}+T_{11}+T_{12}$, $-C_{21}+T_{21}+T_{22}+S_{11}$, $-C_{31}+T_{31}+T_{32}+S_{12}$, $-C_{41}+T_{41}+T_{42}+S_{13}$	$-C_{11}-S_{11}-S_{12}+R_{11}+\xi T_{11}+T_{12}$, $-C_{21}-L_{21}+\xi T_{21}+T_{22}+S_{11}$, $-C_{31}-L_{31}+\omega T_{31}+T_{32}+S_{12}$, $-L_{41}-S_{13}$	$-C_{11}-S_{12}-S_{13}+R_{11}+T_{12}$, $-R_{21}-S_{11}$, $-C_{31}-L_{31}+\omega T_{31}+T_{32}+S_{12}$, $-C_{41}-L_{41}+T_{41}+T_{42}+S_{13}$	$-C_{11}-S_{12}+R_{11}+T_{12}$, $-R_{21}-S_{11}$, $-C_{31}-L_{31}+\omega T_{31}+T_{32}+S_{12}$, $-S_{41}-D_{13}$
	不积极参与	$-C_{11}-S_{12}-S_{13}+R_{11}+\xi T_{11}+\lambda\omega T_{12}$, $-C_{21}-L_{21}+\xi T_{21}+T_{22}+S_{11}$, $-\lambda C_{31}-R_{31}-L_{31}+\lambda\omega T_{31}+\lambda T_{32}+S_{12}$, $-C_{41}-L_{41}+T_{41}+T_{42}+S_{13}$	$-C_{11}-S_{12}-S_{13}+R_{11}+\xi T_{11}+T_{22}+S_{11}$, $-C_{21}-L_{21}+\xi T_{21}+T_{22}+S_{11}$, $-\lambda C_{31}-R_{31}-L_{31}+\lambda\omega T_{31}+\lambda T_{32}+S_{12}$, $-L_{41}-S_{13}$	$-C_{11}-S_{12}-S_{13}+R_{11}+\lambda\omega T_{12}$, $-R_{21}-S_{11}$, $-\lambda C_{31}-R_{31}-L_{31}+\lambda\omega T_{31}+\lambda T_{32}+S_{12}$, $-C_{41}-L_{41}+T_{41}+T_{42}+S_{13}$	$-C_{11}-S_{12}+R_{11}+\lambda\omega T_{12}$, $-R_{21}-S_{11}$, $-\lambda C_{31}-R_{31}-L_{31}+\lambda\omega T_{31}+\lambda T_{32}+S_{12}$, $-L_{41}-S_{13}$
农村集体经济组织不严格监管	积极参与	$-rC_{11}-eS_{11}-eS_{12}-eS_{13}-R_{12}+\xi T_{11}+\omega T_{12}$, $-C_{21}-L_{21}+\xi T_{21}+T_{22}+eS_{11}$, $-C_{31}-L_{31}+\omega T_{31}+T_{32}+eS_{12}$, $-C_{41}-L_{41}+T_{41}+T_{42}+eS_{13}$	$-eC_{11}-eS_{11}-eS_{12}-R_{12}+\xi T_{11}+\omega T_{12}$, $-C_{21}-L_{21}+\xi T_{21}+T_{22}+eS_{11}$, $-C_{31}-L_{31}+\omega T_{31}+T_{32}+eS_{12}$, $-L_{41}-eS_{13}$	$-eC_{11}-eS_{12}-eS_{13}-R_{12}+\omega T_{12}$, $-R_{21}-rS_{11}$, $-C_{31}-L_{31}+\omega T_{31}+T_{32}+eS_{12}$, $-L_{41}-eS_{13}$	$-eC_{11}-eS_{12}-R_{12}+\omega T_{12}$, $-R_{21}-S_{11}$, $-C_{31}-L_{31}+\omega T_{31}+T_{32}+eS_{12}$, $-L_{41}-eS_{13}$
	不积极参与	$-eC_{11}-eS_{12}-eS_{13}-R_{12}+\xi T_{11}+\lambda\omega T_{12}$, $-C_{21}-L_{21}+\xi T_{21}+T_{22}+eS_{11}$, $-\lambda C_{31}-R_{31}-L_{31}+\lambda\omega T_{31}+\lambda T_{32}+eS_{12}$, $-C_{41}-L_{41}+T_{41}+T_{42}+eS_{13}$	$-eC_{11}-eS_{11}-eS_{12}-R_{12}+\xi T_{11}+\lambda\omega T_{12}$, $-C_{21}-L_{21}+T_{22}+eS_{11}$, $-\lambda C_{31}-R_{31}-L_{31}+\lambda\omega T_{31}+\lambda T_{32}+eS_{12}$, $-S_{41}-rD_{13}$	$-eC_{11}-eS_{12}-eS_{13}-R_{12}+\lambda\omega T_{12}$, $-R_{21}-eS_{11}$, $-\lambda C_{31}-R_{31}-L_{31}+\lambda\omega T_{31}+\lambda T_{32}+eS_{12}$, $-C_{41}-L_{41}+eS_{13}+T_{42}$	$-eC_{11}-eS_{12}-R_{12}+\lambda\omega T_{12}$, $-R_{21}-eS_{11}$, $-\lambda C_{31}-R_{31}-L_{31}+\lambda\omega T_{31}+\lambda T_{32}+eS_{12}$, $-L_{41}-eS_{13}$

6.3 参与主体行为演化博弈均衡策略分析

设地方政府的支付矩阵为 G，涉农企业的支付矩阵为 A，农村集体经济组织的支付矩阵为 E，农户的支付矩阵为 Q。G_{ij}、A_{ij}、E_{ij} 和 Q_{ij} 是对应的支付矩阵中第 i 行第 j 列个元素。g1、A_1、e1 和 q1 分别表示地方政府、涉农企业、农村集体经济组织和农户以概率 x、y、z 和 p 选择的纯策略，g_2、a_2、e_2 和 q_2 表示四方博弈主体以概率 1-x、1-y、1-z 和 1-p 选择的纯策略。由此可得，地方政府选择严格监管时的期望收益为：

$$E(g_1) = yzpG_{11} + yz(1-p)G_{12} + zp(1-y)G_{13} + z(1-y)(1-p)G_{14} + yp(1-z)G_{21} +$$
$$y(1-z)(1-p)G_{22} + p(1-y)(1-z)G_{23} + (1-y)(1-z)(1-p)G_{24}$$

$$(6-1)$$

选择不严格监管时的期望收益为：

$$E(g_2) = yzpG_{31} + yz(1-p)G_{32} + zp(1-y)G_{33} + z(1-y)(1-p)G_{34} + yp(1-z)$$
$$G_{41} + y(1-z)(1-p)G_{42} + p(1-y)(1-z)G_{43} + (1-y)(1-z)(1-p)G_{44}$$

$$(6-2)$$

地方政府整体的期望收益为：

$$E(x) = xE(g_1) + (1-x)E(g_2) \tag{6-3}$$

类似地，可以得到关于涉农企业的各项期望为：

$$E(a_1) = xzpA_{11} + xp(1-z)A_{21} + zp(1-x)A_{31} + p(1-z)(1-x)A_{41} + zx(1-p)$$
$$A_{12} + x(1-z)(1-p)A_{22} + z(1-x)(1-p)A_{32} + (1-x)(1-z)(1-p)A_{42}$$

$$(6-4)$$

$$E(a_2) = xzpA_{13} + xp(1-z)A_{23} + zp(1-x)A_{33} + p(1-z)(1-x)A_{43} + zx(1-p)$$
$$A_{14} + x(1-z)(1-p)A_{24} + z(1-x)(1-p)A_{34} + (1-x)(1-z)(1-p)A_{44}$$

$$(6-5)$$

$$E(y) = yE(a_1) + (1-y)E(a_2) \tag{6-6}$$

关于农村集体经济组织的各项期望为：

$$E(e_1) = xypE_{11} + xy(1-p)E_{12} + xp(1-y)E_{13} + x(1-y)(1-p)E_{14} + yp(1-x)$$
$$E_{31} + y(1-x)(1-p)E_{32} + p(1-x)(1-y)E_{33} + (1-x)(1-y)(1-p)E_{34} \tag{6-7}$$

$$E(e_2) = xypE_{21} + xy(1-p)E_{22} + xp(1-y)E_{23} + x(1-y)(1-p)E_{24} + yp(1-x)$$
$$E_{41} + y(1-x)(1-p)E_{42} + p(1-x)(1-y)E_{43} + (1-x)(1-y)(1-p)E_{44} \tag{6-8}$$

$$E(z) = zE(e_1) + (1-z)E(e_2) \tag{6-9}$$

关于农户的各项期望为：

$$E(q_1) = xyzQ_{11} + xy(1-z)Q_{21} + yz(1-x)Q_{31} + y(1-x)(1-z)Q_{41} + xz(1-y)Q_{13} +$$
$$x(1-y)(1-z)Q_{23} + z(1-x)(1-y)Q_{33} + (1-x)(1-y)(1-z)Q_{43} \tag{6-10}$$

$$E(q_2) = xyzQ_{12} + xy(1-z)Q_{22} + yz(1-x)Q_{32} + y(1-x)(1-z)Q_{42} + xz(1-y)Q_{14} +$$
$$x(1-y)(1-z)Q_{24} + z(1-x)(1-y)Q_{34} + (1-x)(1-y)(1-z)Q_{44} \tag{6-11}$$

$$E(p) = pE(q_1) + (1-p)E(q_2) \tag{6-12}$$

6.4 参与主体行为演化博弈模型求解

为了探究地方政府、涉农企业、农村集体经济组织和农户的长期博弈行为和策略选择问题，引入时间因素，利用复制动态方程刻画不同策略选择的概率随时间演化的结果。各方的复制动态微分方程为：

$$\frac{dx}{dt} = x[E(g_1) - E(x)] \tag{6-13}$$

$$\frac{dy}{dt}=y[E(a_1)-E(y)] \tag{6-14}$$

$$\frac{dz}{dt}=z[E(e_1)-E(z)] \tag{6-15}$$

$$\frac{dp}{dt}=p[E(q_1)-E(p)] \tag{6-16}$$

代入式（6-1）至式（6-12），可得各方具体复制动态方程为：

$$\frac{dx}{dt}=x(1-x)[R_{11}+R_{12}+(1-e)(pS_{13}-S_{12}-C_{11}+yS_{11})+(1-\omega)zT_{12}+(1-$$

$$\xi)yzT_{11}] \tag{6-17}$$

$$\frac{dy}{dt}=y(1-y)[R_{21}+C_{21}+T_{22}-L_{21}+pxzL_{21}+2(x-e-ex)S_{11}+(p+x+z)\xi T_{21}+$$

$$(z-\xi)pxR_{21}-(p+x)\xi zT_{21}+z(x-z)(R_{21}+eS_{11}+pR_{21}-peS_{11})] \tag{6-18}$$

$$\frac{dy}{dt}=z(1-z)[-L_{31}+(\lambda+x-2)(C_{31}-T_{32})+(1-x)eS_{12}+(1-\lambda+y)\omega T_{31}-\omega p$$

$$(x+y)T_{31}+(p-\omega)xyT_{31}] \tag{6-19}$$

$$\frac{dp}{dt}=p(1-p)[T_{42}-C_{41}+2(e+x-ex)S_{13}+(x+y-xy)T_{41}+(1-x-y+xy)zT_{41}+$$

$$xyzL_{41}] \tag{6-20}$$

6.5　参与主体行为演化博弈策略稳定性分析

当令 $dx/dt=0$，$dy/dt=0$，$dz/dt=0$，$dp/dt=0$，求解非线性方程组可得地方政府、涉农企业、农村集体经济组织和农户四方演化博弈的均衡点。该方程组有 24 个解，即 16 个纯策略均衡解和 1 个混合策略平衡点 $(x^*，y^*，z^*，p^*)$，其中 $(x^*，y^*，z^*，p^*)\in(0,1)$。16 个纯策略均衡解分别为 $(0,0,0,0)$、$(0,0,0,1)$、$(0,0,1,0)$、$(0,1,0,$

0）、（0，1，0，1）、（0，1，1，0）、（0，1，1，1）、（1，0，0，0）、
（1，0，0，1）、（1，0，1，0）、（1，0，1，1）、（1，1，0，0）、（1，1，
0，1）、（1，1，1，0）、（0，0，1，1）和（1，1，1，1）。其他解经验证
不存在。对复制动态微分方程（6-17）至动态微分方程（6-20）的均衡点
进行稳定性分析，采用雅可比矩阵局部渐近稳定分析法。通过对复制动态
方程组求偏导数，得到雅可比矩阵。

6.6　参与主体行为演化博弈结果
稳定性条件分析

　　将公式求得的均衡点代入雅可比矩阵，进一步计算每个均衡点的特征
根（胡耀岭和荀月康，2024；李煜等，2024）。根据博弈理论和李雅普诺
夫第一法，若雅可比矩阵的特征根均具有负实部，则动态微分方程组的均
衡点是渐近稳定的；若有正实部特征根，则均衡点是不稳定的；若没有正
实部特征根，但有零根或零实部特征根，则均衡点可能稳定，也可能不稳
定，需进一步观察零根或零实部特征根的重数是否等于1。基于以上分
析，17个均衡点中得到4个稳定点：（1，1，1，1）、（0，1，1，1）、
（0，0，1，1）以及（x^*，y^*，z^*，p^*）。

　　情形1：稳定点（0，0，1，1）表示地方政府不严格监管，涉农企业
不参与，农村集体经济组织积极参与，农户支持。其稳定条件是：

　　$(r-1)(C_{11}+S_{12}+S_{13})+R_{11}+R_{12}+(1-\omega)T_{12}<0$，　$-C_{21}-L_{21}+T_{32}-\omega T_{31})+$
$L_{31}-rS_{12}<0$，　$C_{41}-T_{41}-T_{42}-\xi T_{21}+T_{22}+2eS_{11}+R_{21}<0$，　$-(\lambda-2)(C_{31}-2eS_{13})<0$

$$(6-21)$$

　　在这种情况下，农村集体经济组织以最大化利润为目标，积极参与新
型农村集体经济发展，以盘活农村闲置资源。这样做可以获得资源增值的
收益以及地方政府的补贴，从而有效弥补了不积极参与运营的成本节约和

其他参与主体消极策略下的资源损失。换句话说，农村集体经济组织积极参与的相对净收益大于零。而农户所需投入的成本小于所获得的资源增值收益和政府补贴之和，即农户支持新型农村集体经济发展的相对净收益也大于零。然而，地方政府严格监管的成本大于从农村集体经济组织取得的税收，因此严格监管相对净收益小于零，导致地方政府降低监管力度。在这种情况下，涉农企业的运营成本和资源错配造成的损失大于从地方政府获得的补贴以及参与数字化产城融合获得的资源增值收益，再加上不参与所造成的社会声誉损失之和，因此地方政府不严格监管、涉农企业不参与的消极执行总是最优策略。然而，由于地方政府的引导作用尚未发挥最大效用，未能吸引涉农企业参与新型农村集体经济发展，仅依靠农村经济合作组织和农户实现内循环尚不能解决农村发展之困。

情形2：稳定点（0，1，1，1）表示（地方政府不严格监管，涉农企业参与，农村集体经济组织积极参与，农户支持），稳定条件是：

$$-(1-r)(C_{11}+S_{11}+S_{12}+S_{13})+R_{11}+R_{12}+(1-\xi)T_{11}+\omega)T_{12}<0,\ C_{21}+L_{21}-\xi T_{21}-T_{22}-2eS_{11}-R_{21}<0,\ -(\lambda-2)(C_{31}-T_{32}-\omega T_{31})+L_{31}-rS_{21}<0,\ C_{41}-T_{41}-T_{42}-2eS_{13}<0$$

$$\tag{6-22}$$

相较于情形1，涉农企业在考虑到农村集体经济组织的积极参与以及农户的支持时，会倾向于参与农村经济发展。这是因为参与这一过程有利于涉农企业进行数字化转型，延长产业链并提升价值链，从而获得资源增值收益。同时，在政府监管较为宽松的情况下，涉农企业还能够获得补贴，有效弥补了社会声誉损失和城乡资源错配可能带来的损失。农村集体经济组织也因涉农企业的参与而获得额外收益，减少了资源闲置所带来的损失，总体收益为正。而农户在考虑到涉农企业的参与以及农村集体经济组织的积极性时，会选择支持这一策略。尽管投入成本和资源闲置可能带来一定损失，但这些损失相对于支持策略所带来的基本收益和额外收益来说较小。这种情况下，地方政府监管不严格，涉农企业、农村集体经济组织和农户均采取积极策略，形成了一种内外循环的共生发展态势，是以农村经济发展稳健期的理想状态。然而，实际情况是，我国农村经济发展仍处于初步探索阶段，需要大量资源投入，而地方政府仍然是主要推动力量。如果地方政府监管不严格，未能给予农村经济发展足够的支持，涉农企业可能会选择不参与。

情形 3：稳定点（1，1，1，1）表示（地方政府严格监管，涉农企业参与，农村集体经济组织积极参与，农户支持），稳定条件是：

$$(1-e)(C_{11}+S_{11}+S_{12}+S_{13})-R_{11}-R_{12}-(1-\xi)T_{11}-(1-\omega)T_{12}<0，C_{21}-T_{21}-T_{22}-2S_{11}-R_{21}<0，(1-\lambda)(C_{31}-T_{32})-(1-\lambda\omega)T_{31}-L_{31}-R_{31}<0，C_{41}-L_{41}-T_{41}-T_{42}-2S_{13}<0$$

$$(6-23)$$

与情形 2 相比，地方政府在严格监管方面获得的税收收入和社会声誉，能够有效弥补不严格监管所带来的成本节约、社会声誉损失以及税收损失。因此，地方政府倾向于加大监管力度，选择实施严格监管策略。在考虑到地方政府严格监管、农村集体经济组织积极参与以及农户支持的情况下，以农村经济发展为导向的新型农村集体经济发展能够更好地适应，使资源增值和收益都得到提高，因此，涉农企业选择参与新型农村集体经济发展。当农村集体经济组织积极参与时，农村集体资源的增值量可以有效弥补不积极参与所带来的社会声誉损失、农村资源闲置损失以及收益损失。因此，农村集体经济组织选择采取积极参与策略。农户在考虑支持新型农村集体经济发展所需投入的成本及获得的收益时，如果相对净收益为正，倾向于选择支持策略。在实际情况中，地方政府的严格监管、涉农企业的参与、农村集体经济组织的积极参与以及农户的支持，是新型农村集体经济发展初创期或成长期发展的最佳选择。由于数字乡村建设所面临的问题，地方政府仍需占据主导地位，各方共同努力以营造良好的新型农村集体经济发展营商环境，有利于新型农村集体经济发展的推进，从而形成城乡融合共生发展的新格局。

在情形 4 的稳定点（x^*，y^*，z^*，p^*）中，地方政府、涉农企业、农村集体经济组织和农户分别以一定概率选择严格监管、参与、积极参与和支持策略。为满足数字乡村建设和乡村振兴的需要，地方政府选择严格监管，农村集体经济组织作为农村集体资源的所有者，在发展新型集体经济中选择积极参与策略。涉农企业则基于利润最大化目标、农村特色资源情况、农村数字化配套水平以及地方政府的政策情况进行观望，再决定是否参与。不参与不仅会错失数字化转型的新机遇，丧失整合产业链和供应链的机会，还可能承受一定的社会声誉损失。而参与则能够获得政府补贴和农村资源融合价值增值的收益，因此，基于自身利益最大化的考虑，涉农企业选择参与。随着涉农企业的参与、农村集体经济组织的积极参与以及农户的支持，地方政府的补贴不断增加，于是地方政府将选择不严格监管，四方博弈主体都将倾向于选择混合策略。

6.7　参与主体行为演化博弈仿真分析

根据博弈理论和实地调研分析以农村经济发展为主题的主体之间的博弈关系，可将（1，1，1，1）视为理想的稳定状态，其中地方政府严格监管，涉农企业积极参与，农村集体经济组织也积极参与，农户也给予支持（于丹等，2024；陈媛媛和赵晴，2024）。为深入探讨地方政府、涉农企业、农村集体经济组织和农户四方博弈的演化趋势，本节将针对该理想状态进行仿真分析，考察不同参数变化下各方的策略选择。

6.7.1　系统仿真的初始设置

假设地方政府、涉农企业、农村集体经济组织和农户分别选择严格监管、参与、积极参与和支持策略的概率为 $[0.5, 0.5, 0.5, 0.5]$，横轴代表时间 t，纵轴代表地方政府、涉农企业、农村集体经济组织 z 和农户 p 选择参与的概率分别为 x、y、z 和 p。参数取值如下：

$e=0.5$，$\xi=0.5$，$\lambda=0.5$，$\omega=0.5$，$C11=5$，$S_{11}=4$，$S_{12}=7$，$S_{13}=1$，$R_{11}=3$，$R_{12}=5$，$T_{11}=3$，$T_{12}=1$，$C_{21}=8$，$L_{21}=2$，$T_{21}=6$，$T_{22}=2$，$R_{21}=1$，$C_{31}=7$，$L_{31}=3$，$T_{31}=5$，$T_{32}=2$，$R_{31}=2$，$C_{41}=2$，$L_{41}=1$，$T_{41}=2$，$T_{42}=1$，

初始状态系统演化博弈仿真如图6-2所示。

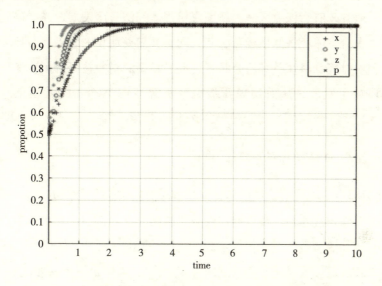

图6-2　新疆新型农村集体经济四方参与主体初始策略仿真

可以发现，新疆四大参与主体最终都向积极方向进行演化，其中新型农村集体经济组织最快向参与方向演进，并在 t = 0.6 时参与概率趋近于 1，即接近于稳态。随后，涉农企业和农户也逐渐向积极参与和支持方向演进，即涉农企业在 time 等于1时，其概率演化至1，农户也在 time 等于 1.5 时，其概率演化至1。然而，考虑到农村集体经济发展更具公益性，因此其持续发展和推进，需要地方政府的重视逐渐加强，并不断出台政策加大投入力度，但地方政府又会基于农村集体收益最大化，再三考虑自身收益最大化，最终在 time 等于3.5 时到达稳定状态。地方政府随着涉农企业参与、新型农村集体经济组织积极参与和农户支持概率的增加其监管力度不断增加，系统在 time 等于 4 时最终达到 ｛严格监管，参与，积极参与，支持｝新疆新型农村集体经济发展初始阶段理想稳定状态。说明随着农村经济发展、资源扩散，新疆农村涉农企业在数字技术的加持下延伸产业链、提升价值链，逐步重视农村新发展场域，参与新型农村集体经济发展，从而促进农村形成新型集体经济发展模式，激活以及优化新疆农村闲置资源。同时，随着新型农村集体经济发展参与行为主体融合度不断强化，地方政府为保障区域内新型农村集体经济有序发展，需严格监管新疆新型农村集体经济体系运营状态，同时又需要注重农村土地、环境承载能力和农村资源禀赋及其组合状态，促进新型农村集体经济多元参与主体的循环共生发展，从而实现新疆城乡资源双向流动，相互补充，实现"1+1>2"的产出效率，以推进农业农村现代化。

6.7.2 参数变化对系统的影响

6.7.2.1 地方政府对涉农企业的补贴 S_{11} 对系统的影响

为了深入观察地方政府对涉农企业补贴变化对四方参与主体演变的影响，保持其他参数不变，仅对系数 S_{11} 进行变化分析。具体而言，逐步提高地方政府对涉农企业的补贴水平，即将 S_{11} 从初始值 1 逐步增加至 4、7、10 和 13。在这个过程中，观察 S_{11} 变化对新疆地方政府、涉农企业、新型农村集体经济组织和农户四方主体策略选择的影响，图 6-3 展示了这一关系。

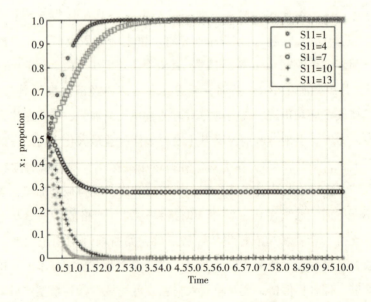

图 6-3　新疆地方政府对涉农企业的补贴 S_{11} 变化对四方演化博弈仿真

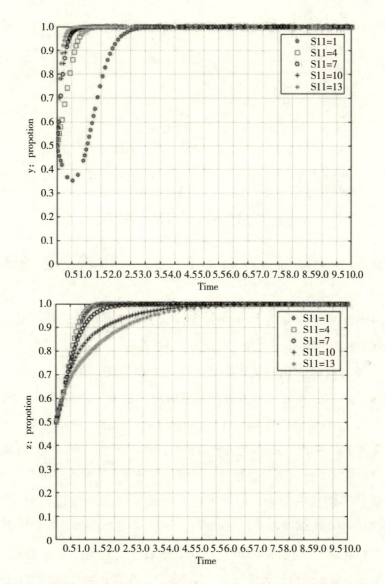

图 6-3　新疆地方政府对涉农企业的补贴 S_{11} 变化对四方演化博弈仿真（续图）

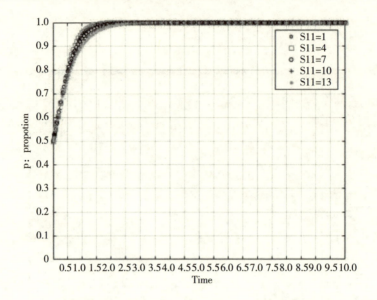

图6-3　新疆地方政府对涉农企业的补贴S_{11}变化对四方演化博弈仿真（续图）

首先，当S_{11}分别为1和4时，地方政府的选择严格监管的概率演化轨迹在时间点time等于2和4时演变至1；然而，当S_{11}分别为7、10和13时，地方政府演化的轨迹呈现相反的方向演变。在这一过程中，当S_{11}取值为7时，地方政府选择严格监管概率在time等于2.5时恒定在0.29。当S_{11}取值分别为10和13时，地方政府选择严格监管概率在time等于2和1时演化至0，即地方政府最终选择不严格监管，可见当新疆地方政府给涉农企业过多的补贴时，会增加财务压力，失去了监管的动力，最终选择了消极的行为，选择不监管新型农村集体经济发展。其次，S_{11}的变化也会影响涉农企业选择参与新型农村集体经济发展的概率。具体来看，随着S_{11}的取值不断增加，新疆农村涉农企业选择参与新型农村集体经济发展的策略行为时间变短。当S_{11}的取值分别为7、10和13时，涉农企业迅速向选择参与新型农村集体经济发展的方向演进，基本在当time为1时，其选择参与的概率演化至1；但在S_{11}等于1时，涉农企业起初并不是朝着选择参与的方向演变，反而是朝着选择不参与的方向演变，这样的变化趋势在 time 等于 0.5 时发生转变，即朝着选择参与方向，并在 time 等于 2.5 时选择参与的概率演化至 1，可见地方政府对涉农企业的补贴最终都会驱使新疆涉农企业选择参与新型农村集体经济发展。再次，地方政府对涉农企业的补贴也会推动新型农村集体经济组织也朝积极参与的方向演进。S_{11} 的逐渐增加对新型农村集体经济组织的选择行为的影响存在消极效应，即随着 S_{11} 不断增大，其选择参与新型农村集体经济发展的概率演化至 1 的时间更长。当 S_{11} 分别为 1 和 4 时，新型农村集体经济组织将在 time 等于 1.5 时，其概率演化至 1；而当 S_{11} 分别为 7、10 和 13 时，新型农村集体经济组织将分别在 time 等于 2.5、5 和 5 时，其概率才演化至 1。最后，地方政府对涉农企业的补贴 S_{11} 对农户选择支持的影响呈现出积极效应，但同样存在细微延迟的效应，即当 S_{11} 等于 1 时，农户在 time 为 1.5 时，其选择支持新型农村集体经济发展的概率演化至 1，但随着 S_{11} 不断增大，其选择支持概率演化至 1 的时间增长，尤其是当 S_{11} 取值为 13 时，其选择支持概率演化至 1 的 time 为 2.5。

就敏感性对比分析来看，新疆地方政府对涉农企业的补贴 S_{11} 对地方政府选择监管与否的最为敏感，如果补贴过大，地方政府行为会由选择监管向选择不监管发生改变，接着按照对涉农企业、新型农村集体经济组织和农户的顺序逐渐递减，但这三个主体选择行为基本是积极的，都倾向于支持新型农村集体经济发展，不会因为 S_{11} 的变化而发生选择行为的方向改变，因此为了保持地方政府的积极性，需要严格把控地方政府对涉农企业的补贴。

6.7.2.2 地方政府对新型农村集体经济组织的补贴 S_{12} 对系统的影响

如图 6-4 所示，为了研究新疆新型农村集体经济中地方政府、涉农企业、新型农村集体经济组织和农户之间的四方博弈，特别关注地方政府对新型农村集体经济组织的补贴 S_{12}。首先，在演化博弈实验中，通过调整 S_{12} 的取值，从而影响地方政府对农村集体经济组织的补贴水平，即逐步提高 S_{12} 的值，即由 S_{12} 等于 1 逐步增加到 S_{12} 分别等于 4、7、10 和 13，以观测地方政府对新型农村集体经济组织的补贴对四方微观主体的行为变

11

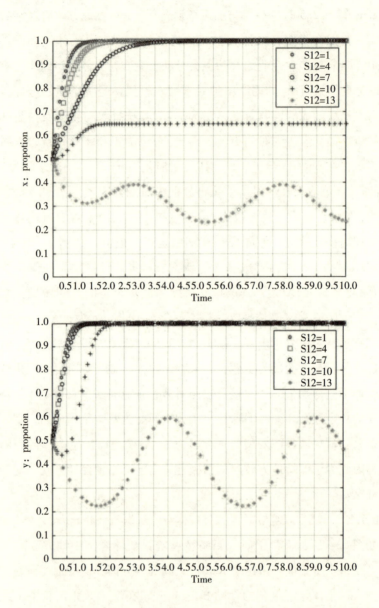

图 6-4　新疆地方政府对涉农企业的补贴 S_{12} 变化对四方演化博弈仿真

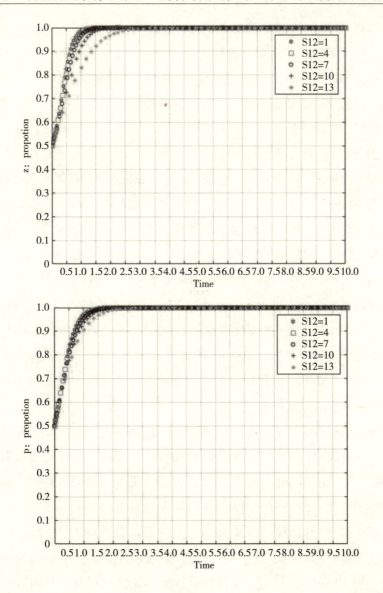

图 6-4 新疆地方政府对涉农企业的补贴 S_{12} 变化对四方演化博弈仿真（续图）

化。具体来看，当地方政府对新型农村集体经济组织的补贴 S_{12} 等于 1、4 和 7 时，其采取严格监管措施的概率在 time 分别等于 1.5、2 和 3.5 时演化至 1，而当 S_{12} 等于 10 和 13 时，地方政府的演化轨迹发生改变，趋向不严格监管，在 S_{12} 取值为 10 时，其在 time 等于 6.5 时刻，其选择严格监管的概率恒定在 0.65，意味着地方政府大概率会选择监管，但是其监管的意愿还具有较大的上升空间，然而当 S_{12} 取值为 13 时，其选择监管概率的演化轨迹是波动的，但其取值均在 0.5 以下。其次，S_{12} 的变化对新型农村集体经济组织选择行为的影响与当地政府的演化轨迹比较相似，但当其 S_{12} 分别等于 1、4、7 和 10 时，新型农村集体经济组织朝着积极参与方向演进，但随着其取值增大，新型农村集体经济组织选择积极参与的概率演化至 1 的时间会延长，前三者取值基本在 time 取值为 1 时参与概率演化至 1，然而当 S_{12} 的取值为 10 时，在 time 取值为 2 时，新型农村集体经济选择参与的概率才演化至 1。值得注意的是，在 S_{12} 等于 13 时，新型农村集体经济组织选择行为具有波浪形演进特征，其选择参与概率演变波动的取值范围为 0.2~0.6。再次，涉农企业的参与新型农村经济发展的行为也随着 S_{12} 的变化而发生调整。S_{12} 对涉农企业的影响是正向的，选择参与的概率均会朝着 1 演化，但随着 S_{12} 的增大，其演化至 1 的时间会变长。在 S_{12} 等于 1、4 和 7 时，涉农企业向着参与的概率基本在 time 取值为 1 时演化到 1；当 S_{12} 等于 10 时，在 time 取值为 1.5 时，涉农企业参与概率演化为 1；而当 S_{12} 等于 13 时，涉农企业参与的概率在 time 取值 2.5 时演化至 1，呈现出更长时间的演化过程。最后，地方政府对新型农村集体经济组织的补贴 S_{12} 对农户的演化影响基本是正向的，其选择支出的概率基本在 time 取值为 1.5~2 时演化至 1。

就敏感性对比分析来看，地方政府对新型农村集体经济组织的补贴 S_{12} 对地方政府和涉农企业的影响更为敏感，其演化发生转变的临界阈值分别为 10 和 13；然而，对新型农村集体经济组织和农户的影响敏感性较弱，基本能推动这两者朝着积极的方向演化，最终选择参与和支持。这可能是因为地方政府付出的更多财务，而收获的并不完全能转化为税收等资本，但其财务主要来源于税收，因此其分配需要谨慎考虑。同时，涉农企业其本质依然是企业，其本质也依然是追求收益，带动农村集体经济发展是其社会义务，因此也存在一定的限度。然而，新型农村集体经济组织和农户是农村经济发展的主要主体，新型农村集体经济组织的属性之一是集体经济，其特征之一就是带动农村集体发展，实现共同富裕，甚至肩负实现铸牢中华民族共同体意识的责任，因此当其能够从政府获得补贴更愿意选择推动新型农村集体经济发展，农户作为最终受益的主体，在新型农村集体经济组织发展壮大的同时，受到辐射和带动发展效应是较为直接的，因此其选择支持的意愿是高昂的。总体而言，新疆地方政府对新型农村集体经济组织的补贴积极效应是存在阈值的，当补贴超过阈值，地方政府的监管意愿下降，趋向不严格监管，并与涉农企业的选择行为比较一致。

6.7.2.3　地方政府对农户的补贴 S_{13} 对系统的影响

为了深入探讨新疆新型农村集体经济中地方政府、涉农企业、新型农村集体经济组织和农户之间的复杂互动，此处选择将地方政府对农户的补贴为 S_{13} 作为研究的核心参数。在不改变其他参数的前提下，逐步提高地方政府对农户的补贴水平，具体取值为 1、4、7、10 和 13，以观察其对整个系统演化的实际影响。当 S_{13} 从 1 逐步增加至 4、7、10 和 13 时，图 6-5 清晰展示了地方政府、涉农企业、新型农村集体经济组织和农户在策略选择上的变化。首先，随着 S_{13} 的增加，农户更倾向于支持策略的概率也随之提高，更迅速地作出支持决策，这是因为随着 S_{13} 的增加，农户预期的净收益也增加，从而激励农户更积极地支持以农村经济发展为导向的新型农村集体经济发展。其次，地方政府对农户的补贴 S_{13} 对地方政府选择监管的行为转变影响较大。只有当 S_{13} 取值为 1 时，地方政府在 time 等于 4 时，其选择严格监管的概率演化至 1；而当 S_{13} 的取值为 4 时，地方政府选择监管的概率降至 0.45。而当 S_{13} 为 7、10 和 13 时，地方政府选择监管的行为选择则是相反的，朝着选择不严格监管的方向转变，随着 S_{13} 的增大，其选择不严格监管的概率更快演化至 0，尤其是当 S_{13} 的取值为 13 时，其在 time 等于 1.5 时严格监管的概率最终趋于 0。这一现象主要源于我国农村人口众多的事实，根据第三次人口普查数据，我国普通农户接近 2.26 亿户。因此，提高对农户的补贴水平将增加地方政府的财政负担，进而加大了地方政府监管的难度。再次，地方政府对农户的补贴 S_{13} 的变化也会改变涉农企业的行为选择，增加 S_{13} 会改变涉农企业的行为选择方向。当 S_{13} 的取值为 1、4 和 7 时，涉农企业对参与新型农村集体经济发展的选择是积极的，前两者选择参与的概率分别在 time 的取值为 1 和 2 时演化至 1，而当 S_{13} 的取值为 13 时，选择参与的概率在 time 取值为 2.5 时恒定演化至 0.95，延长了涉农企业参与的时间。然而，当 S_{13} 的取值为 10 和 13 时，涉农企业参与的方向发生反转，选择参与的概率向 0 发生演化，分别在 time 的取值为 2.5 和 1.5 时，其选择参与的概率为 0。最后，地方政府对农户的补贴 S_{13} 的变化新型农村集体经济组织选择参与的影响也是积极的，但同样随着 S_{13} 的增大，其演化至 1 的时间延长，当 S_{13} 取值为 1 时，新型农村集体经济组织在 time 取值为 1.5 时，选择积极参与的概率演化为 1；当 S_{13} 取值为 13 时，新型农村集体经济组织在 time 取值为 6 时，选择积极参与的概率演化为 1。

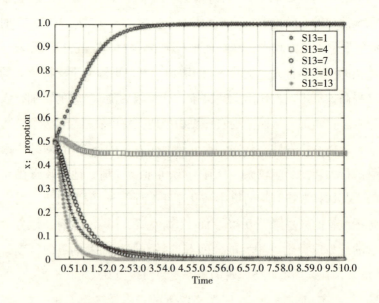

图 6-5　新疆地方政府对涉农企业的补贴 S_{13} 变化对四方演化博弈仿真

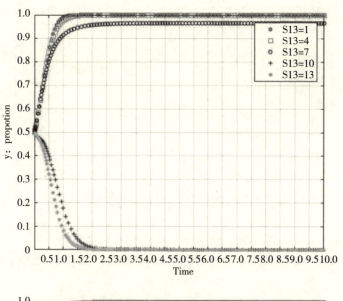

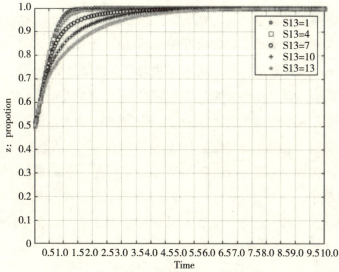

图 6-5 新疆地方政府对涉农企业的补贴 S_{13} 变化对四方演化博弈仿真（续图）

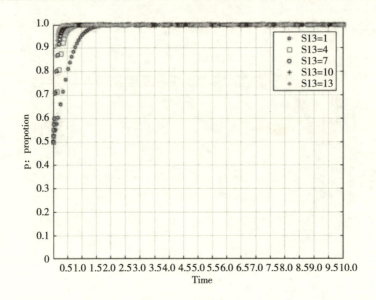

图 6-5 新疆地方政府对涉农企业的补贴 S_{13} 变化对四方演化博弈仿真（续图）

就敏感性对比分析来看，地方政府对农户的补贴 S_{13} 对地方政府和涉农企业的影响更为敏感，地方政府在 S_{13} 取值大于等于 4 时便发生改变，涉农企业在 S_{13} 取值大于等于 10 时发生改变，超过这两个阈值，这两个参与主体的行为选择是消极的；而地方政府对农户的补贴 S_{13} 对新型农村集体经济组织和农户的影响敏感性较前两者弱些，因为这两者随着 S_{13} 取值增大，其行为选择始终演化至 1。但从这两者对比来看，农户受到的影响更敏感，选择行为概率较快演化至 1。综上所述，在新型农村集体经济的发展过程中，地方政府对农户的补贴必须控制在合理范围内，以避免过高的补贴降低了政府自身参与意愿，同时挤出涉农企业，最终不利于新疆新型农村集体经济的可持续发展。

6.7.2.4　地方政府执行力度 e 对系统的影响

在研究地方政府执行力度对系统演化的影响时，图 6-6 呈现了不同 e 值下的情况，这一图景可谓是对新疆新型农村集体经济中地方政府、涉农企业、新型农村集体经济组织和农户四方演化博弈的生动描绘。一方面，

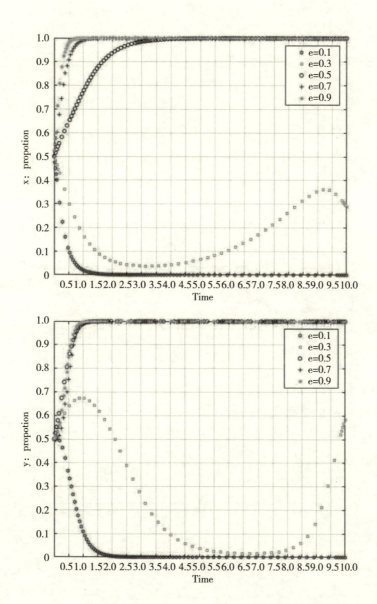

图 6-6　新疆地方政府执行力度 e 变化对四方演化博弈仿真

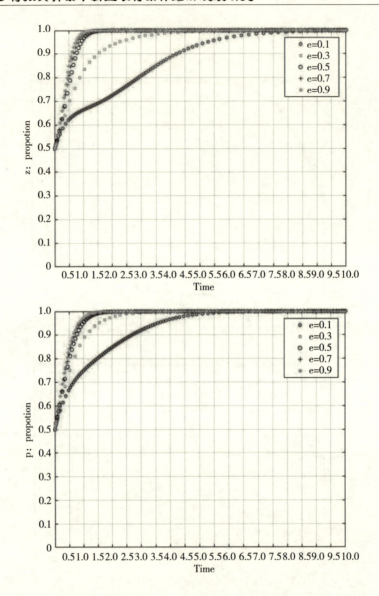

图 6-6 新疆地方政府执行力度 e 变化对四方演化博弈仿真（续图）

随着 e 值的逐渐增加，地方政府逐步向着更为严格的监管方向发展，当地
方政府执行力度 e 的取值为 0.1 时，选择监管的概率在 time 取值为 1.5 时
便演化至 0，但随着 e 取值的增大，地方政府选择监管的概率也在逐渐增

大，尤其是当 e 的取值大于等于 0.5 时，地方政府选择监管的行为发生转变，并且随着 e 的取值越大，其概率演化至 1 的时间越短，即当 e 取值为 0.9 时，在 time 的取值为 0.8 时演化至 1。另一方面，这种趋势也不可避免地影响到了涉农企业、农村集体经济组织以及广大农户的行为决策。特别值得一提的是，随着 e 值的增大，这些主体受到严格监管的概率将会更高，而且达到这种状态的速度也会更快，持续的时间也会更短。有趣的是，当 e 的取值为 0.5、0.7 和 0.9 时，涉农企业的参与概率均在 time 等于 1 时趋于零。而新型农村集体经济组织积极参与的概率也会随着 e 的增大演化至 1 的速度加快，当 e 取值为 0.9 时，则在 time 等于 1 时趋于零。这种局面在新疆农村集体资源资产化程度较低且集体经济相对薄弱的乡村尤为突出，在这样的背景下，农村经济发展建设缺乏物质基础，使得实现新型农村集体经济发展的愿景显得更加艰巨。然而，随着 e 值的不断增加，代表地方政府监管能力的强化，将会带来涉农企业、农村集体经济组织以及农户获得的补贴增加，从而带来收益的增加。这不仅会提升地方政府的社会声誉，还将对新型农村集体经济参与主体的合作稳定和持续发展产生积极的推动作用。因此，可以看到，地方政府在这个博弈过程中的角色至关重要，其执行力度的改变将直接影响到整个系统的演化趋势，从而对新疆新型农村集体经济的发展产生深远影响。

6.7.2.5　新型农村集体经济组织参与程度 λ 对系统的影响

新型农村集体经济组织在新疆的发展是一个复杂而动态的过程，涉及地方政府、涉农企业、农村集体经济组织和农户四方的博弈和演化。在这个过程中，各方的参与程度是至关重要的参数，将其表示为 λ，分别取 0.1、0.3、0.5、0.7 和 0.9，来观察其对系统演化的影响。一方面，通过观察图 6-7，可以发现随着参与程度 λ 的增加，地方政府、涉农企业和农户的策略均衡时间没有明显变化，而是逐渐趋于稳定。这意味着不同参与程度下各方的决策时间基本趋于一致，呈现出一种平衡状态。另一方面，值得注意的是农村集体经济组织积极参与的概率快速接近于 1。这一现象的背后是多方面因素的综合作用。一方面，地方政府在新疆新型农村集体经济发展过程中持续加强政策支持，推动农村地区的新格局建设。另一方面，地方政府的政策稳定性也为新型农村集体经济组织提供了发展的基础和信心。同时，新型农村集体经济组织也在加大自身的积极参与力度，通过提升资源分配效率来获取更多的收益。这些努力使得新型农村集体经济组织成为推动农村经济发展的重要力量。在这一过程中，新型农村集体经济组织不仅是被动参与者，更是主动推动者和促进者。通过利用当地的资源特色，推动优势产业的发展，开办农村合作社等形式的组织，农村集体经济组织不断地壮大自身实力，提升自身的影响力和竞争力。此外，系统内各主体之间的博弈也呈现出"羊群效应"，即各方都朝着理想状态演化。这种趋同的博弈态势也进一步推动了整个系统向着更加理想的方向发展。综上所述，农村集体经济组织在新型农村集体经济发展的过程中发挥着重要作用，其积极参与不仅促进了地方经济的发展，也为农村经济的转型提供了有力支撑。因此，针对新疆当前的新型农村集体经济发展现状，新型农村集体经济组织应该进一步提高自身的积极参与水平，以推动地方政府选择更加严格的监管策略，从而实现农村经济的可持续发展和繁荣。

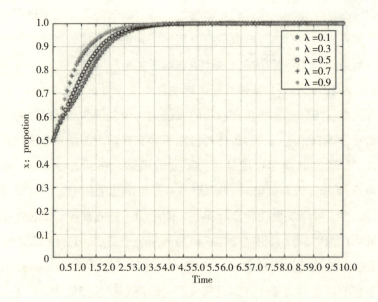

图 6-7　新疆新型农村集体经济组织参与程度 λ 变化对四方演化博弈仿真

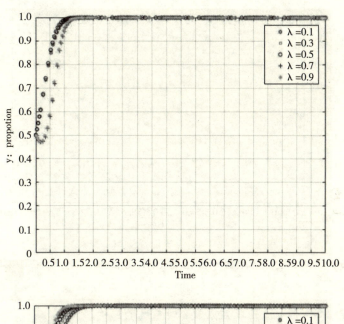

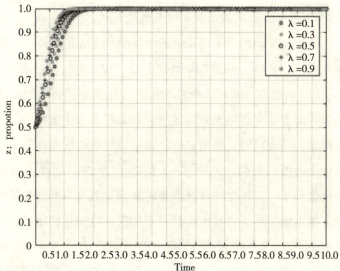

图6-7　新疆新型农村集体经济组织参与程度 λ 变化对四方演化博弈仿真（续图）

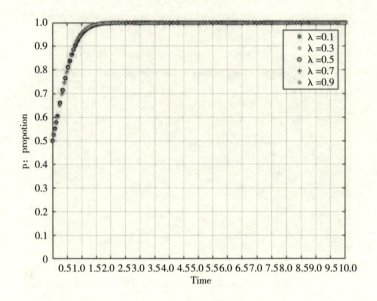

图6-7　新疆新型农村集体经济组织参与程度 λ 变化对四方演化博弈仿真（续图）

6.7.2.6　涉农企业收益系数 ξ 对系统的影响

在其他参数不变的情况下，系统的演化受到了 ξ 值的影响，而这一影响在图6-8中得以呈现，其中 ξ 分别取0.1、0.3、0.5、0.7和0.9。随着 ξ 的逐渐增大，新疆地方政府选择监管概率演化至1所需的时间也逐渐增加，这意味着地方政府必须投入更多的资源和精力来实施监管，以维护整体的经济秩序。与此同时，新型农村集体经济组织达成均衡的时间变化较小，但呈现出递增的趋势，说明这一组织在整个博弈过程中的相对稳定性，尽管也受到了一定程度的外部因素的影响。而农户的演化策略则在大多数情况下基本保持不变，显示出其对于外部环境变化的相对稳定性。对于地方政府而言，ξ 值的增大代表着额外的税收收入，这对于其财政收入是一种积极的影响。然而，随着 ξ 值的增大，各主体采取积极策略的可能性也随之增加，这可能会导致地方政府在补贴和监管方面的成本增加，从而影响其决策的时效性和灵活性。在这种情况下，地方政府会面临更加复杂的决策环境，需要更加细致地权衡利弊，以制定出最为合适的政策措施。当地方政府推迟达成严格监管策略均衡时，新型农村集体经济组织则需要提高自身的参与水平，以促进涉农企业和农户的积极参与或支持，会导致农村集体经济组织需要投入更多的资源和精力，特别是在新型农村经济高质量可持续发展方面，以应对外部环境的变化和压力，也意味着新型农村集体经济组织在整个博弈过程中扮演着越来越重要的角色，在推动农村经济发展和稳定中的作用也日益凸显。因此，当涉农企业的收益系数越大时，其参与新型农村集体经济发展所能够获得的资源整合、优化和升级也就越多，这将有助于其提高竞争力和适应外部环境的变化。同时，随着新型农村集体经济发展程度的不断加深，地方政府监管的成本也将逐渐增加，这可能会对地方政府的政策选择和实施产生一定的影响。当新疆新型农村集体经济发展到一定程度时，地方政府可能会逐渐降低监管力度，以更好地激发涉农企业在新疆市场中的活力和创造力，促进整个农村经济的健康发展。

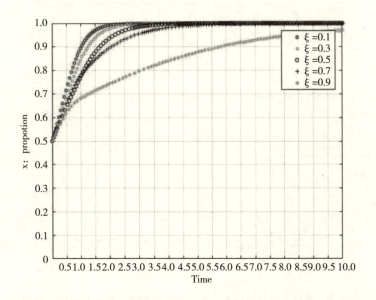

图6-8　新疆涉农企业收益系数 ξ 变化对四方演化博弈仿真

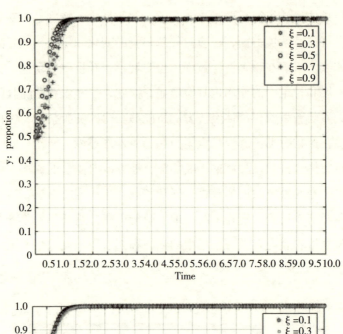

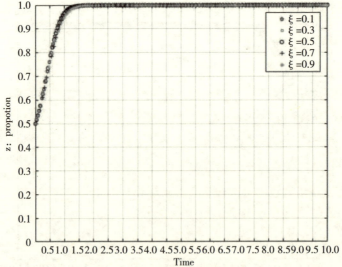

图 6-8　新疆涉农企业收益系数 ξ 变化对四方演化博弈仿真（续图）

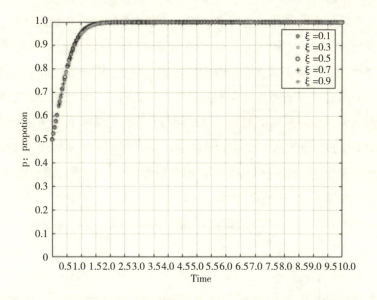

图 6-8　新疆涉农企业收益系数 ξ 变化对四方演化博弈仿真（续图）

6.7.2.7　新型农村集体经济组织收益系数 ω 对系统的影响

在系统演化的过程中，当 ω 的取值依次为 0.1、0.3、0.5、0.7 和 0.9 时，此处观察到了如图 6-9 所示的对系统演化的影响。随着 ω 值的增大，新型农村集体经济组织朝着采取积极参与策略的方向演化的速度明显加快，而且所需的时间逐渐减少；与此同时，地方政府对严格监管的演化所需时间却逐渐增加，对涉农企业和农户的演化策略基本上没有什么影响，这一趋势的形成主要是由于新型农村集体经济组织的收益值与农村经济发展的程度密切相关。随着 ω 值的增大，各主体采取积极政策的可能性也随之增加，合作程度不断提高，从而使得农村资源资产化的能力也得到了进一步的增强，利润率也相应提高。在投入成本保持不变的情况下，新型农村经济组织所获得的额外收益也会随之增加，其积极参与的趋势则呈现出指数型增长。因此，新型农村集体经济组织的收益系数越大，一方面，可以随着农业生产技术水平的提高更好地利用集体性资源；另一方面，新型农村经济体系进入稳定时期后，微观主体将形成循环共生状态，地方政府也会逐渐放松对其的监管力度，从而更好地发挥集体经济的主体作用。在这一系统演化的过程中，能够清晰地观察到不同参数取值对于各个主体行为的影响。特别是在新型农村集体经济组织方面，其对于 ω 值的敏感性较高，随着 ω 值的增大，其积极参与的态势不断增强，这与其收益值与融合程度的密切关系不无关系。与此同时，地方政府的监管演化却呈现出一种相对滞后的趋势，这可能与其在面对新型农村集体经济发展时的监管力度调整有关。综合而言，这种演化的博弈关系体现了在农村经济发展中各个主体之间相互影响、相互制约的复杂关系，而 ω 值的变化则是这一关系中的一个重要因素。

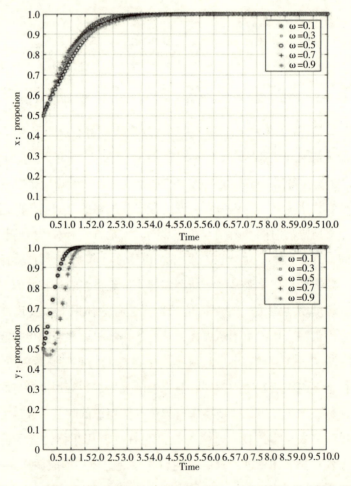

图 6-9　新疆新型农村集体经济组织收益系数 ω 变化对四方演化博弈仿真

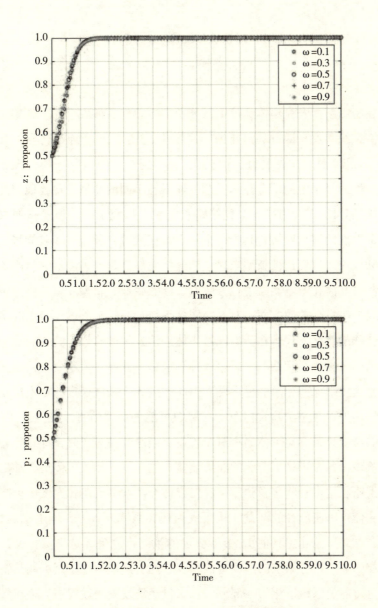

图 6-9　新疆新型农村集体经济组织收益系数 ω 变化对四方演化博弈仿真（续图）

6.8　本章小结

在新疆新型农村集体经济中，涉及地方政府、涉农企业、新型农村集体经济组织和农户四方的演化博弈系统中，共有 16 个纯策略点，其中的 3 个呈现出条件稳定的特性，而其余 13 个则在任何情况下都表现为不稳定。这种博弈系统的动态性和复杂性使得在不同的情境下寻找稳定的均衡点变得颇具挑战性。这 16 个纯策略点实质上构成了一个涉及新型农村集体经济发展的演化网络，其中每个节点都代表着各利益主体可能采取的不同行动或决策。而这种新型农村集体经济发展则是一种激活农村闲置资源的机制，其潜在影响涵盖了地方政府、涉农企业、新型农村集体经济组织以及农户等多个关键方面。对这个博弈系统而言，3 个条件稳定的均衡点具有特殊的意义，代表在新型农村集体经济发展的背景下，各利益主体可能达到的一种相对和谐的状态。这种和谐状态并非一成不变，而是在博弈的不断演化中保持相对的稳定性。因此，这 3 个条件稳定的点不仅是理论上的均衡，而且是实际农村经济发展中可能的演化轨迹。在这个系统中，关键的考量是各利益主体的相对净收益。当净收益为正时，即意味着所选择的策略为各方带来了实际的经济效益，这时候，相关主体更有动力选择这些策略。这也意味着新疆新型农村集体经济发展机制在实践中可能为各利益主体带来实质性的利益，从而成为博弈系统中各方共同追求的目标。然而，这并不意味着其他 13 个不稳定的策略点就毫无意义。相反，它们的存在凸显了博弈系统的不确定性和复杂性。这些不稳定点可能是暂时性的，也可能是系统演化的一部分。在农村经济发展的过程中，存在多样的决策可能性，需要更全面地考虑各种因素的影响。总体而言，这个演化博弈系统提供了一个深入理解新疆新型农村集体经济的框架。新型农村集体经济体系作为其中的关键机制，不仅激活了农村的闲置资源，更在博弈中引导各利益主体朝着相对稳定的均衡点演化，有助于制定更有效的政策，推动农村经济朝着可持续、均衡的发展方向前进。

数值仿真分析结果显示：增加地方政府对涉农企业、新型农村集体经济组织和农户的补贴可鼓励它们更倾向于采取积极策略，提高其积极性。然而，随着地方政府补贴水平的提高，其对积极策略选择的促进效果呈现边际递减趋势。具体而言，当地方政府补贴达到一定程度时，其对积极策略选择的影响逐渐减弱，表现为地方政府选择积极策略的概率降低速度放缓，如在 S_{11}、S_{12} 和 S_{13} 分别取大于 10、10 和 4 时，地方政府严格监管的概率并不会向 1 演化。另外，地方政府的执行力度对涉农企业、新型农村集体经济组织和农户均产生影响。当执行力度大于 0.5 时，系统更快地趋向理想状态，且涉农企业和新型农村集体经济组织与地方政府的执行力度呈正相关关系。新型农村集体经济组织的参与程度也会对地方政府、涉农企业和农户采取积极策略产生一定影响。参与程度越高，其他三方采取积极策略的时间递减趋势越显著。此外，涉农企业和新型农村集体经济组织的收益系数越大，其参与和积极参与农村经济发展的时间越短，但长期来看并不能使系统保持稳定状态。因此，增加涉农企业、新型农村集体经济组织和农户的补贴在短期内有利于提高农村经济发展水平，但过高的补贴将不利于系统达到理想稳定状态，因此属于非长效的农村经济发展激励措施。提高地方政府监管力度和农村集体经济组织的参与程度可加快涉农企业选择参与策略的速度，从而加快农户支持策略的速度，最终有利于系统向理想状态演化。因此，在新疆新型农村集体经济发展过程中，地方政府、涉农企业、新型农村集体经济组织和农户之间的博弈关系不仅取决于政策补贴的力度，还受到执行力度和参与程度等因素的影响。这种关系的理解有助于制定更加符合实际情况的政策，促进新疆农村经济的可持续发展和稳定增长。

第7章　新疆农户参与新型农村集体经济发展的意愿与行为分析

在第6章的分析中，分析了新疆新型农村集体经济发展中地方政府、涉农企业、新型农村集体经济组织和农户四方主体的演化博弈，最终分析了在（1，1，1，1）均衡点进行了深入分析，地方政府补贴等变化对各主体参与新型农村集体经济发展的演化情况。为了进一步研究影响农户参与新型农村集体经济意愿和行为的影响因素，本章以对新疆进行问卷调查的数据作为样本，从新型农村集体经济发展的运行层面，对农户参与新疆新型农村集体经济发展的影响因素进行实证分析。首先，运用结构方程模型（SEM）分析影响农户持续参与新型农村集体经济体系发展意愿的因素，探讨农户对其业务感知成本、业务感知便利、业务感知有用性及业务感知满意度对其持续参与意愿的影响，试图理解影响农户参与新型农村集体经济发展的关键因素和作用机理（李敏等，2019；袁云志和刘平养，2023；银元，2023）；其次，运用二元 Logistic 回归模型对影响农户参与新型农村集体经济发展行为的观测变量进行实证分析，将影响农户参与行为的因素的经验研究更加深入和具体化（马晓茗和张安录，2016）。

7.1　调研基本情况与数据来源

7.1.1　调研基本情况

针对新疆农户参与新型农村集体经济发展的意愿与行为分析，本次调查的数据来源于新疆农业科学院课题组，调查时间定为 2023 年，覆盖范围涵盖了新疆维吾尔自治区的各个地区。调查的主要内容包括农户的基本情况、家庭经济状况以及参与新型农村集体经济发展的意愿与行为等多个方面的信息。通过问卷调查和深入的访谈，能够全面了解新疆农户参与新型农村集体经济发展的态度、动因以及实际行为。在这项调查中，首先收集了新疆农户的基本信息，包括人口结构、家庭规模、受教育程度等。其次调查了的家庭经济状况，包括收入来源、土地持有情况、生产经营状况等。此外，还着重关注了农户对于参与新型农村集体经济发展的态度和意愿，以及农户实际参与的行为表现。调查数据的收集与分析将有助于更好地理解新疆农户参与新型农村集体经济发展的现状和趋势。通过对农户的基本情况和家庭经济状况的了解，可以分析参与集体经济发展的动力和制约因素。对农户意愿和行为的调查可以帮助评估当前政策和措施对于农户参与集体经济的影响和效果，为政策制定提供依据和建议。此外，本次调查所获得的数据还将为进一步研究提供重要的经验事实和数据支持。通过深入分析农户参与新型农村集体经济发展的实际情况，可以发现其中的规律和问题，并提出相应的政策建议和实践路径。因此，这些数据不仅有助于更好地理解新疆农村经济的发展现状，也为制定更有效政策和推动实践提供了依据和支持。总之，本次调查提供了关于新疆农户参与新型农村集体经济发展的全面信息，为深入研究和有效实践提供了重要的理论和实证支持。通过进一步分析和利用这些数据，可以更好地推动新疆农村经济的发展，促进农民增收致富，实现农村全面建设和振兴的目标。

7.1.2　样本选择和数据来源

7.1.2.1　样本选择与调研时间安排

研究基于新疆农户参与新型农村集体经济发展的意愿与行为。本书研究于 2023 年启动，研究周期为 1 年。研究团队选择于 2023 年伊始展开调研活动，此时新疆的新型农村集体经济发展项目已经初步推进。调研分为三个阶段：第一阶段：2023 年 1 月中下旬，进行预调研及问卷设计；第二阶段：2023 年 2~9 月，实地调研；第三阶段：2023 年 10~12 月，进行数据分析与总结。

7.1.2.2　调查对象的选择

考虑到新疆地域广阔，农村集体经济的发展情况各异，调研问卷涵盖了新疆维吾尔自治区内的多个地州。以吐鲁番、克拉玛依等地为重点，问卷调研以自治区确定的新型农村集体经济示范点为主。在这些地区，根据县级区划展开全面调查，共涉及新疆全区的各级县（自治县）、县级市等，共计 650 个。预调研阶段在乌鲁木齐市进行，在各区市选取 1~2 个新型农村集体经济示范点；正式调研中，重点关注的地区共选取 28 个县（自治县）的新型农村集体经济合作组织，其他地区根据地理分布选取相应数量。在正式调研中，共发放 1000 份问卷，其中有效问卷为 934 份，有效率为 93.4%。

7.1.2.3　调研问卷的设计

采用问卷调查方法，重点关注农户对新型农村集体经济的参与意愿和实际行为。问卷设计包括四个主要部分：第一部分关注农户个人及家庭特征，重点考察年龄、受教育程度、社交关系等；第二部分关注农户的生产与经济情况，包括农业产业、生产资金来源、农业与非农业收入等；第三部分关注农户的金融利用情况，重点关注资金借贷的途径、成本、偏好等；第四部分关注农户对新型农村集体经济的参与情况及评价，分析不同条件下农户的意愿和行为。

7.1.3　样本统计性描述

7.1.3.1　样本分布

由表7-1可知，乌鲁木齐市、克拉玛依市和吐鲁番市是样本量最大的地区，分别占总样本量的10.17%、9.10%和6.75%。这表明调查在这些地区有更广泛的覆盖，可能是因为这些地区人口密集或者有更多的农户参与了新型农村集体经济活动。另外，阿克苏地区、克孜勒苏柯尔克孜自治州和和田地区的样本量也相对较高，分别占总样本量的7.39%、7.60%和8.03%。这可能表明在这些地区也存在着较高的农户参与度或者调查对这些地区的重要性。相反，巴音郭楞蒙古自治州、喀什地区和塔城地区的样本量相对较低，分别仅占总样本量的5.67%、5.60%和6.32%。这可能意味着在这些地区的农户参与度较低，或者调查覆盖不够广泛。综上所述，通过对表7-1的分析，可以初步了解不同地区农户参与新型农村集体经济发展的意愿和行为。进一步地分析可以结合调查数据，探讨不同地区农户参与意愿和行为的影响因素，以及针对不同地区制定的政策建议和发展方向。

表7-1　调研样本分布情况　　　　　　　单位：个，%

地区	样本量	占比
乌鲁木齐市	95	10.17
克拉玛依市	85	9.10
吐鲁番市	63	6.75
哈密市	59	6.32
昌吉回族自治州	62	6.64
博尔塔拉蒙古自治州	57	6.10
巴音郭楞蒙古自治州	53	5.67
阿克苏地区	69	7.39
克孜勒苏柯尔克孜自治州	71	7.60
喀什地区	56	5.60

续表

地区	样本量	占比
和田地区	75	8.03
伊犁州直属	68	7.28
塔城地区	59	6.32
阿勒泰地区	62	6.64
合计	934	100.00

资料来源：调研数据整理。

7.1.3.2 样本基本情况

在对表 7-2 的样本描述统计分析中，深入了解了参与新疆农户在新型农村集体经济中的各项特征及其分布情况。首先，性别方面呈现出一定的均衡性，男性占比略低于女性，分别为 49.04% 和 50.96%。这种性别比例的平衡可能反映了当地农户在经济活动中男女参与程度相对平等的趋势，也许与新型农村集体经济的性质和发展机会的普及有关。其次，年龄构成方面显示出明显的趋势。大多数参与者的年龄集中在 26～55 岁，尤其是 36～45 岁和 46～55 岁的人数占比最高，分别为 29.48% 和 26.26%。这表明中年人群在新型农村集体经济中的参与度较高，可能与对于农业生产经验的积累以及对于经济收益的追求有关。在受教育程度方面，初中及以上程度的受访者占了绝大多数，其中初中程度者占比最高，达 49.04%。这一现象可能意味着受访者整体教育水平相对较为接近，但也存在一定比例的受访者教育水平较低。这种教育水平的分布可能会影响其对于新型农村集体经济的理解和参与意愿。家庭年收入水平是影响农户参与经济活动的重要因素之一。在这个样本中，大部分受访者的家庭年收入集中在 10001～50000 元，其中以 20001～50000 元的收入水平最为突出，占比达到 42.93%。相比之下，较高收入水平（80001 元及以上）的受访者比例较低，仅有 9.21%。这表明，大多数参与者的家庭经济状况处于中等水平，对于经济项目的参与可能存在一定的经济压力和考量。最后，关于参与项目投入资金和获取收益方面的数据显示，大部分受访者在投入资金和获取收益方面偏向选择较低金额区间。例如，投入资金 5001 ~ 10000 元和获取收益 10001 ~ 30000 元的人数比例较高，占比分别为 20.88% 和 31.69%。这可能反映了对于风险的谨慎态度或者对于项目收益相对稳定的偏好。同时，也可能受到个体经济能力和风险承受程度的影响。综上所述，这些数据揭示了新疆农户参与新型农村集体经济的意愿与行为的多个方面特征。主要以中年男女为主体，受教育程度普遍较低，家庭年收入属于中等水平，而在项目投入和收益方面更倾向于选择较低金额区间。这一信息有助于深入理解农户参与农村经济发展的动态，为制定更精准的政策和项目提供了重要参考依据。

表 7-2 样本的描述性统计分析 单位：人，%

变量		人数	占比
性别	男	458	49.04
	女	476	50.96
年龄	25 岁及以下	72	7.68
	26~35 岁	204	21.89
	36~45 岁	275	29.48
	46~55 岁	245	26.26
	56 岁及以上	137	14.69
受教育程度	小学及以下	255	27.30
	初中	358	49.04
	高中	253	27.09
	本科	46	4.93
	硕士及以上	22	2.36
家庭年收入水平	10000 元及以下	133	14.24
	10001~20000 元	209	22.38
	20001~50000 元	401	42.93
	50001~80000 元	105	11.24
	80001 元及以上	86	9.21

变量		人数	占比
参与新型农村集体经济项目投入资金	5000 元及以下	56	5.60
	5001~10000 元	195	20.88
	10001~30000 元	236	26.26
	30001~60000 元	369	39.51
	60001 元及以上	78	8.35
参与新型农村集体经济项目获取的收益	5000 元及以下	49	5.25
	5001~10000 元	159	17.02
	10001~30000 元	296	31.69
	30001~50000 元	332	35.55
	50001 元及以上	98	10.49

资料来源：调研数据整理。

7.1.3.3 新型农村集体经济的收益来源

由表 7-3 可知，农户参与新型农村集体经济的收益来源主要包括自主经营、入股分红、资产租赁、服务创收、政策补贴以及其他因素。这些收益来源反映了农户在新型农村集体经济中的参与方式和收益途径。本书将对每个收益来源进行分析，探讨其意愿与行为背后的因素。

表 7-3 农户参与新型农村集体经济的收益来源 单位：%

选项	频数	占比
自主经营	596	63.81
入股分红	875	93.68
资产租赁	922	98.71
服务创收	745	79.76
政策补贴	469	50.21
其他因素	632	67.67

资料来源：调研数据整理（问卷题目为多选题）。

自主经营：自主经营是农户参与新型农村集体经济的重要方式之一，

占比为 63.81%。这表明农户倾向于通过自己的劳动和经营来获取收益，可能是由于更加熟悉和信任自己的经营能力，同时也能够更灵活地掌控经营的方向和策略。

入股分红：入股分红是指农户通过投资或入股新型农村集体经济组织，从中获得分红收益。占比为 93.68%，显示了农户对于通过参与合作组织获得稳定收益的意愿。这可能与农户希望通过参与集体经济组织来分享集体劳动成果，同时也能够减轻个体经营的风险有关。

资产租赁：资产租赁作为一种收益来源，占比为 98.71%，显示了农户愿意通过租赁自己的资产来获取额外的收益。这可能反映了农户对于自身资源的充分利用和多元化经营的需求，同时也能够减少自身经营风险。

服务创收：服务创收是指农户通过提供各种服务来获取收入，占比为 79.76%。这可能反映了农户希望通过提供服务来满足当地市场需求，并从中获得经济回报。这也表明了农户对于多元化经营和创新的重视。

政策补贴：政策补贴作为一种收益来源，占比为 50.21%。这表明政策补贴在一定程度上对农户参与新型农村集体经济具有一定的吸引力，可能是政府为了促进农村经济发展而提供的一种激励措施。

其他因素：其他因素占比为 67.67%，可能涵盖了一些特殊情况或者个体差异。这些因素可能包括一些非经济性的考量，比如社区归属感、环境保护意识等，也可能包括一些特殊的经营方式或者收益来源。

综上所述，农户参与新型农村集体经济的意愿与行为受到多种因素的影响，包括个体经营能力、合作组织的吸引力、政策激励以及个人价值观等。了解并分析这些收益来源可以帮助政府和相关部门更好地制定政策和措施，促进农村经济的发展和农户收益的增加。

7.1.3.4　被调查农户未参与新型农村集体经济的主要因素

针对表 7-4 中影响农户参与新型农村集体经济的主要因素进行分析，可以从各个因素的频数、占比以及其对农户参与的影响程度等方面展开讨论。首先，村集体经济发展思路不明晰是导致农户未参与的主要原因之一，占比高达 70.56%。这表明在一些地区，村集体经济的发展方向和规划并不清晰，缺乏可行性和吸引力，从而影响了农户的积极性。其次，发展资金不足也是一个重要因素，占比高达93.04%。这意味着在很多地方，由于资金短缺导致新型农村集体经济的项目无法有效启动或者持续发展，这直接影响了农户的参与意愿。没有人情关系和缺乏高素质人才也分别占据了较高比例，分别为62.74%和74.20%。这反映了一些地区在推动农村集体经济发展过程中，仍然存在人际关系和人才储备方面的问题，这些问题限制了农户参与的积极性和动力。资源禀赋差、发展基础薄弱以及激励及考核制度不完善等因素，虽然比例相对较低，但仍然不能忽视其影响。这些因素反映了一些地区在推动新型农村集体经济发展过程中所面临的一系列挑战，包括资源配置不均衡、基础设施建设不足以及激励机制不完善等问题，这些都制约了农户的参与意愿和行为。最后，运营监管机制不完善是影响因素中占比最高的，达84.48%。这表明在很多地区缺乏有效的监管机制和运营管理体系，导致了农村集体经济发展中的乱象和不规范现象，从而影响了农户的信心和积极性。综上所述，反映了影响农户参与新型农村集体经济的主要因素，其中既包括了制约因素，也包括了推动因素。要促进农户参与新型农村集体经济的发展，需要在政策、资金、人才培养、监管等方面全面加强支持和引导，打造良好的发展环境和氛围，激发农户的参与热情和活力，推动新型农村集体经济持续健康发展。

表7-4　影响农户参与新型农村集体经济的主要因素　　　　单位：%

选项	频数	占比
村集体经济发展思路不明晰	659	70.56
发展资金不足	869	93.04
没有人情关系	586	62.74
缺乏高素质人才	693	74.20
资源禀赋差，发展基础薄弱	345	36.94
激励及考核制度不完善	568	60.81
运营监管机制不完善	789	84.48

资料来源：调研数据整理（问卷题目为多选题）。

7.2　农户参与新型农村集体经济发展意愿分析

参与意愿是发展新疆新型农村集体经济实际行为最直接的决定性因素，农户对新型农村集体经济发展的持续参与意愿是新疆农村经济长远发展的关键。因此，本部分研究采用技术接受模型和农户感知价值理论，从参与新疆新型农村集体经济发展的感知成本、感知便捷性和感知效用性三个感知价值维度，探究新疆农户对参与新疆新型农村集体经济发展的满意度和持续参与意愿的影响机制，有针对性地提出促进新疆新型农村集体经济持续发展策略（程子良等，2015；汪文雄等，2015；郭君平等，2017；倪冰莉，2019；陈卡迪和毛薇，2020）。

7.2.1　研究假设

7.2.1.1　农户参与新型农村集体经济的感知成本

在研究农户参与新型农村集体经济发展的感知成本时，需要先深入理解农户作为理性经济人的行为特征。农户是否积极参与经济活动主要取决于对投入和产出的理性感知与衡量。这种感知是对经济行为作出决策的基础，是在面对各种选择时所依据的重要因素之一。因此，对农户参与新型农村集体经济的感知成本进行分析，不仅能够深入理解农户的决策过程，还可以为相关政策的制定提供重要参考。在这个背景下，不得不提及消费者支付意愿的概念。消费者支付意愿通常被视为一种衡量个体对某一商品或服务价值认可程度的指标，反映了消费者的偏好和价值观。与之相对应的是，感知成本包括了个体在采购过程中所面临的全部成本，这些成本不仅包括了商品或服务的购买价格，还包括了获得成本、运输成本、安装成本等。对于农户而言，这些成本的增加可能会直接影响到对参与新型农村集体经济的态度和决策。农户在做出是否参与的决策时，往往会对各种成本进行权衡和评估。例如，在考虑参与新型农村集体经济时，会关注到投入的费用、审批所需的时间、来往办理业务的时间和路途等因素。如果这些感知成本相对较低，农户可能会更倾向于积极参与，因为觉得这样的投入是值得的，能够为农户带来相应的回报。相反，如果这些成本较高，农户可能会对参与产生犹豫甚至抵触情绪，因为觉得投入过大，而产出与之不相称。基于以上分析，提出了两个研究假设。这些假设的提出不仅是基于对经济学理论的深入理解，也是基于对农户参与决策的实际情况的观察和分析。通过进一步的实证研究，可以验证这些假设的有效性，从而更加全面地理解农户参与新型农村集体经济的动机和行为，为相关政策的制定和实施提供更有针对性的建议和指导。研究假设如下：

H1：农户对参与新型农村集体经济的感知成本对业务感知满意度存在显著的负向影响。

H2：农户对参与新型农村集体经济的感知成本对持续参与意愿存在显著的负向影响。

7.2.1.2 农户参与新型农村集体经济的感知便捷性

在农户参与新型农村集体经济的过程中，对于其感知到的便捷性的认知是影响其行为和态度的重要因素。感知便捷性是指农户对办理业务的容易程度的主观评价，涵盖了诸多方面，如办理业务的手续是否简单、时间是否耗费较少等。根据消费者理论，便捷性是指顾客在购买和消费产品或服务的过程中对所付出时间和努力的感受程度，可分为决策、交易、接近、受益和后续便利性。在农户参与新型农村集体经济发展中，感知便捷性不仅受到行政手续和资金分配等外部因素的影响，还受到农户个体特征和心理因素的影响。首先，农户的个体特征会影响其对便捷性的感知。例如，受教育程度、收入水平和社会地位等因素可能会影响农户对于办理业务的理解和操作能力，从而影响其对便捷性的评价。较高的受教育程度和收入水平的农户可能更倾向于将办理业务的手续和程序视为便捷，而较低的受教育程度和收入水平的农户可能会感受到更多的障碍和不便。其次，心理因素也是影响农户感知便捷性的重要因素之一。农户的态度、信念和情感等心理因素会影响其对办理业务的态度和行为。如果农户对新型农村集体经济发展持有积极的态度和信念，可能更倾向于将办理业务的过程视为便捷；反之则可能认为过程繁琐、复杂。此外，社会文化环境也会对农户的便捷性感知产生影响。在某些地区，习俗、传统和社会风气可能影响农户对便捷性的感知，如在一些地方，人们对于政府机构的信任度可能较低，会影响对办理业务的便捷性感知。基于以上分析，提出以下研究假设：

H3：农户对参与新疆新型农村集体经济发展的感知便捷性对业务感知满意度存在显著的正向影响。

H4：农户对参与新疆新型农村集体经济发展的感知便捷性对持续参与意愿存在显著的正向影响。

7.2.1.3　农户参与新型农村集体经济的感知效用性

在农村集体经济发展中，农户参与的感知效用性是一个至关重要的主题。感知效用性指的是农户对参与新型农村集体经济发展所获得的好处和帮助程度的主观认知。根据技术接受模型，感知效用性被认为是客户接受信息技术的重要决定因素之一。在农户参与新型农村集体经济发展中，感知效用性的强弱直接影响农户的参与意愿和满意度。首先，农户对新型农村集体经济发展的感知效用性直接关系到对该体系的认可程度。农户会根据自身对参与活动所获得利益的主观感受来评价该体系的有效性和价值，从而影响农户参与的决策。如果农户认为参与新型农村集体经济发展能够解决其发展问题，提高生计水平，那么就会更有意愿积极参与其中。其次，感知效用性还反映了农户对该体系是否能够满足其生产和生存需求的认知。农户在参与新型农村集体经济发展过程中，会关注自身的生计发展需求是否得到满足，以及该体系是否能够有效解决面临的可持续发展问题。如果农户感知到参与该体系可以满足其生计发展需求，解决问题并提高生活质量，就会更有动力和意愿持续参与其中。通过对农户参与新型农村集体经济的感知效用性进行深入研究和分析，可以更好地了解其参与动机和行为，为促进农村集体经济的健康发展提供理论支持和政策建议。此外，农户的感知效用性还受到一些因素的影响，例如信息传播途径、家庭经济状况、社会文化背景等。这些因素对农户对新型农村集体经济发展的感知和参与意愿具有重要影响。因此，在研究农户感知效用性的同时，还需要考虑这些因素的影响，以更全面地分析农户参与新型农村集体经济发展的行为和动机。在实际研究中，可以通过问卷调查、深度访谈等方法收集数据，分析农户对新型农村集体经济发展的感知效用性及其影响因素，为政府部门和农村发展机构制定相关政策提供参考依据，推动农村集体经济的健康发展。基于以上分析，提出以下研究假设：

H5：农户对参与新疆新型农村集体经济发展的感知效用性对业务感知满意度存在显著的正向影响。

H6：农户对参与新疆新型农村集体经济发展的感知效用性对持续参与意愿存在显著的正向影响。

7.2.1.4 农户参与新型农村集体经济感知满意度的中介作用

农户参与新型农村集体经济的感知满意度中介作用是指在农户参与集体经济活动后，其对该经济模式的持续参与意愿的概率。通常情况下，农户对新型农村集体经济的忠诚度和持续参与意愿受到从参与活动中获得的满意度的影响。这一满意度可被视为农户对该经济模式先前期望与实际感知之间的差异，这种差异将决定农户的满意度水平，从而影响其是否持续参与新型农村集体经济。与传统经济活动不同，新型农村集体经济强调合作、共享和可持续性，使农户更加关注其参与后的体验。农户感知到的满意度主要受到以下几个方面的影响：

首先，新型农村集体经济的组织和管理方式对农户的感知满意度产生直接影响。若集体经济组织能够提供透明、高效的管理和组织结构，农户更有可能感到满意，增强其持续参与的意愿。反之，混乱或不透明的管理可能导致农户对集体经济的不满，降低其参与的积极性。

其次，新型农村集体经济所提供的服务质量和效益也是影响农户满意度的重要因素。如果农户在参与经济活动后获得了明显的实际效益，比如提高农产品销售收入、降低生产成本等，更有可能对该经济模式表示满意，从而增加其持续参与的可能性。服务质量的提升和效益的稳定性将直接促使农户形成积极的满意度认知。另外，农户在新型农村集体经济中的参与感和参与决策的程度也将影响其感知满意度。若农户感到在经济活动中能够更直接地参与决策过程，体验到一种参与感，更可能对这一经济模式产生认同感和满意感，进而提高持续参与的意愿。这些因素构成了农户感知满意度的中介作用，直接影响农户在新型农村集体经济中的持续参与意愿。因此，为了促进新型农村集体经济的可持续发展，组织者和政策制定者需要关注并提高农户在参与经济活动后的感知满意度水平。通过建立透明、高效的组织管理机制，优化服务质量，提升农户的参与感和决策参与度，可以有效增强农户的感知满意度，从而推动更加积极、持续地参与新型农村集体经济。

农户参与新疆新型农村集体经济的感知满意度中介作用是一项研究农户在参与该经济模式后对其满意程度的关键因素。这一满意度不仅是对合作社提供参与新疆新型农村集体经济发展的认可，更是反映了农户对农业生产资金需求期望得到满足的心理状态。在这个背景下，学者对顾客价值与顾客满意之间的循环影响关系进行了描述，通过研究得出顾客对价值的感知决定顾客满意的结论。这一理论框架可以引导深入探讨农户对参与新疆新型农村集体经济的感知满意度的中介作用。首先，农户对新疆新型农村集体经济发展的感知效用性和感知便捷性等积极评价，将正向影响其感知满意度。这与顾客对价值的感知决定顾客满意的思路相呼应。如果农户在参与经济活动中感受到实际的帮助和便利，更可能对该经济模式表示满意，提高持续参与的意愿。这种积极评价将形成前期体验的满意度，对后续行为产生深远的影响，从而表明农户的感知满意度对于参与意愿的显著影响。其次，消极评价，例如在感知成本等方面的负面评价，将负向影响农户的感知满意度和持续参与意愿。这与前述理论中强调的顾客对价值的感知决定满意度的概念相契合。如果农户认为参与新疆新型农村集体经济发展带来了高昂的成本或其他不便之处，可能会降低对该经济模式的满意度，从而减少持续参与的倾向。进一步地，农户对合作社提供服务及帮助的主观预期与实际效果之间的对比将直接影响其对参与新疆新型农村集体经济发展的满意度。这种主观预期与实际效果的对比构成了农户满意度与其持续参与意愿之间的正相关关系。如果农户在合作社的服务和帮助方面得到了实际的满足，更可能对该合作社表示满意，增加继续参与的可能性。这也表明农户在对参与新型农村集体经济的期望、使用和目标等主观感知判断上，形成了对参与满意度的关键认知。最后，农户持续参与新型农村集体经济的关键在于提高其满意度。这一满意度的形成由农户的感知价值决定，即农户对合作社提供的服务和帮助的实际效果与其期望的对比。通过持续保障农户对参与新疆新型农村集体经济发展的感知满意度水平，可以促使农户更加积极、持续地参与其中。这一过程不仅使农户有效满足了融资方面的需求，还使其认为参与新型农村集体经济相较于其他方式具有一定程度的便利和成本优势。总体而言，农户参与新疆新型农村集体经济的感知满意度中介作用是一个多方面影响的复杂过程，涉及农户对合作社提供服务的实际效果、感知便捷性和感知成本、主观预期与实际效果的对比等多个方面。通过深入理解和分析这些因素，可以为组织者和政策制定者提供指导，以提高农户在参与新疆新型农村集体经济中的感知满意度，从而促进其更加积极、持续地参与。

基于以上分析，提出以下研究假设：

H7a：农户对参与新疆新型农村集体经济发展的感知满意度在业务感知成本与业务持续参与意愿起到中介作用。

H7b：农户对参与新疆新型农村集体经济发展的感知满意度在业务感知便捷性与业务持续参与意愿起到中介作用。

H7c：农户对参与新疆新型农村集体经济发展的感知满意度在业务感知效用性与业务持续参与意愿起到中介作用。

根据以上假设提出本部分研究的理论模型，如图 7-1 所示。

7.2.2 结构方程模型构建

选取结构方程模型（Structural Equation Modeling，SEM）对农户参与

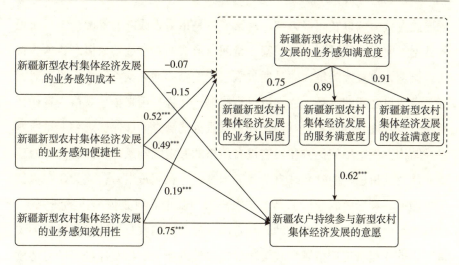

图 7-1　理论模型

新型农村集体经济的假设进行检验是一项重要的研究方法。结构方程模型在西方数理经济学界被认为是最重要的综合性建模方法之一，它综合了因素分析与路径分析两种统计方法，能够同时检验模型中包含的显性变量、潜在变量以及干扰或误差变量之间的关系，进而获得自变量对因变量影响的直接效果、间接效果或总效果。SEM 基本上是一种验证性的方法，通常需要理论或经验法则的支持，由理论来引导，以建构假设模型图。在农户参与新型农村集体经济的研究中，由于涉及多个影响因素，而这些因素难以用一个变量直接测量，因此可以通过若干显性变量的测量来刻画相关影响因素等潜变量，并以结构方程模型作为验证的工具。

　　一个完整的 SEM 包含两个次模型：①测量模型（Measurement Model）。描述潜在变量如何被相对应的显性指标所测量或概念化。在农户参与新型农村集体经济的研究中，测量模型可以涉及农户对合作社提供服务的满意度、感知便利性等因素的测量，以及这些因素如何被观察变量所表征。②结构模型（Structural Model）。描述潜在变量之间的关系，以及模型中其他变量无法解释的变异量部分。在农户参与新型农村集体经济的研究中，结构模型可以探讨农户的满意度、感知便利性等因素对其持续参与意愿的直接影响以及间接影响。观察变量是指量表或问卷等测量工具所得的数据，而潜在变量则是指观察变量间所形成的特质或抽象概念，这些特质或概念无法直接测量，而是通过观察变量测得的数据资料来反映。对指标与潜变量之间的关系，通常可以写成测量方程，用来描述观察变量如何测量潜在变量，例如农户对合作社提供服务的满意度如何被观察变量所测量。结构方程模型的优势在于它没有严格的假定限制条件，能够同时处理潜变量及其指标，同时允许自变量和因变量存在测量误差，这为研究提供了更加灵活和全面的分析工具。在农户参与新型农村集体经济的研究中，结构方程模型的应用可以帮助研究者深入理解影响农户持续参与意愿的关键因素，并提供理论指导和政策建议，以促进新型农村集体经济的可持续发展。

对于指标与潜变量之间的关系，通常写成下列测量方程：

$$X = \gamma x \vartheta + \delta \tag{7-1}$$

$$\begin{bmatrix} x_1 \\ x_2 \\ x_3 \\ x_4 \\ x_5 \end{bmatrix} = \begin{bmatrix} 0 & 1 \\ \omega_{x21} & 0 \\ 0 & 1 \\ 0 & \omega_{x42} \\ 0 & \omega_{x52} \end{bmatrix} \begin{bmatrix} \vartheta_1 \\ \vartheta_2 \end{bmatrix} + \begin{bmatrix} \delta_1 \\ \delta_2 \\ \delta_3 \\ \delta_4 \\ \delta_5 \end{bmatrix} \tag{7-2}$$

$$Y = \gamma y \theta + \varepsilon \tag{7-3}$$

$$\begin{bmatrix} y_1 \\ y_2 \\ y_3 \\ y_4 \end{bmatrix} = \begin{bmatrix} 0 & 1 \\ \omega_{y21} & 0 \\ \omega_{y31} & 1 \\ 0 & \omega_{y42} \end{bmatrix} \begin{bmatrix} \theta_1 \\ \theta_2 \end{bmatrix} + \begin{bmatrix} \varepsilon_1 \\ \varepsilon_2 \\ \varepsilon_3 \\ \varepsilon_4 \end{bmatrix} \tag{7-4}$$

在农户参与新型农村集体经济的结构方程模型构建中，引入了一系列符号和概念来描述模型的各要素。具体而言，将变量划分为外生标识组成的向量 X 和内生标识组成的向量 Y。这些标识进一步分解为外生潜变量 ζ 和内生潜变量 η。外生标识在外生潜变量上的因子负荷矩阵记为 λ，而内生标识在内生潜变量上的因子负荷矩阵记为 φ。在此框架下，引入了外生标识 x 的误差项 δ 和内生标识 y 的误差项 ε，以捕捉模型中未被观测到的变异。这些误差项表示对外生标识 x 和内生标识 y 的测量的不完全性或测量误差的影响。潜在变量之间的关系通过结构方程来表示。这一结构方程体现了外生潜变量 ζ 和内生潜变量 η 之间的直接和间接关系，通过考虑因子负荷矩阵 λ 和 φ 的影响。通过这样的结构方程，能够深入分析影响农户参与新型农村集体经济的潜在变量之间的复杂关系，理解各变量之间的相互作用和影响路径。总体而言，这一结构方程模型提供了一个全面而灵活的框架，能够系统地探讨农户参与新型农村集体经济的内外在因素之间的相互关系。通过对潜在变量和观察变量的综合考虑，可以更准确地捕捉各个因素之间的关联，为深入理解和推动新型农村集体经济发展提供有力的工具和理论支持。

$$\theta = B\theta + \varphi\vartheta + \sigma \tag{7-5}$$

$$\begin{bmatrix} \theta_1 \\ \theta_2 \end{bmatrix} = \begin{bmatrix} 0 & \beta_{12} \\ 0 & 0 \end{bmatrix} \begin{bmatrix} \theta_1 \\ \theta_2 \end{bmatrix} + \begin{bmatrix} \gamma_{11} & \gamma_{12} \\ \gamma_{21} & \gamma_{22} \end{bmatrix} + \begin{bmatrix} \sigma_1 \\ \sigma_2 \end{bmatrix} \tag{7-6}$$

在农户参与新型农村集体经济的结构方程模型构建中，引入了一系列符号和概念来描述模型中内外在变量之间的关系。其中，B 代表内生潜变量之间的关系，表示内生潜变量之间相互影响的程度。而 φ 表示外生潜变量对内生潜变量的影响，反映了外部因素对内生变量的作用程度。σ 为结构方程的残差项，反映了 θ 在方程中未能被解释的部分，即模型无法完全解释的变异。上述方程模型如果成立，则应符合以下假设：

第一，测量方程两类误差项分别满足均值为零：测量方程中的两类误差项的平均值应为零，表示测量误差在整体上没有系统性偏差。

第二，结构方程残差项均值为零：结构方程中的残差项的平均值应为零，表示模型中未能解释的变异在整体上应该是随机的。

第三，测量方程中两类误差项分别与其内生、外生潜变量不相关，误差项之间不相关：测量方程中的误差项与其所对应的潜变量之间不应该存在相关性，而且不同潜变量的误差项之间也不应该相关。

第四，残差项与外生潜变量、两类误差项之间不相关：结构方程中的残差项与外生潜变量以及测量方程中的误差项之间不应该存在相关性（见表7-5）。

表7-5　变量基本含义

变量名称	定义	维度
θ	内生潜变量	m×1
ϑ	外源潜变量	n×1
ζ	方程中的干扰项	m×1
y	内生标识	p×1
x	外源标识	q×1
∈	y 的测量误差	p×1
δ	x 的测量误差	q×1

7.2.3　量表设计

为确保测量的可信度和效度，本书在农户参与新型农村集体经济的量表设计中精心选择了国内外文献中得到验证的量表，并在征求专家意见并进行预调查后进行了适度修改。在采用 Likert 5 点量表进行测量时，要求被调查者结合自身参与新疆新型农村集体经济的实际情况进行回答，刻度依次为"1 代表非常不同意，2 代表比较不同意，3 代表一般，4 代表比较同意，5 代表非常同意"。以确保测量的实效性和信度，特别强调了问卷设计的可理解性。在问答过程中，提问者首先向农户介绍了六项可感知的因素，然后请农户表述自己对这些因素的感觉，从而获得更具体的评价。整个研究涵盖了七组变量，每组变量都针对农户参与新型农村集体经济的不同方面进行度量。首先，考察了新疆新型农村集体经济发展感知成本，内部一致性系数为 0.854。其次，评估了新疆新型农村集体经济发展感知便捷性，内部一致性系数为 0.896。再次，关注了新疆新型农村集体经济发展感知效用性，内部一致性系数为 0.863。在新疆新型农村集体经济发展感知满意度的测量中，从业务认同度、服务满意度和产品满意度三个方面进行评估。业务认同度的量表内部一致性系数为 0.874。服务满意度的衡量内部一致性系数为 0.838。产品满意度的度量内部一致性系数为 0.848。最后，研究了新疆新型农村集体经济发展的持续参与意愿，内部一致性系数为 0.897。这一全面而精心设计的量表体系不仅充分考虑了农户参与新型农村集体经济的特点，也确保了测量工具的信度和效度。通过这些量表，能够全面、准确地捕捉农户对新疆新型农村集体经济发展的感知和满意度，深入理解其参与意愿的内在机制，为研究提供了可靠的数据基础。

7.2.4　数据质量分析

7.2.4.1　信度和效度检验

量表的信度和效度分析是评价量表有效性的关键步骤，通过这些分析可以确保量表所测量的概念具有高度的可靠性和准确性。信度主要指量表内部各题项之间的一致性程度，信度越高表示题项之间的一致性越好，从而增强了测量结果的可信度。而效度则是指量表所测量的概念与实际概念之间的一致性程度，高效度的量表能够准确地反映所要测量的概念。在本书中，运用 SPSS 软件对数据进行了 KMO（Kaiser-Meyer-Olkin）统计量检验和 Bartlett 球形检验来评估量表的效度和信度。KMO 统计量是评价因子分析适用性的重要指标，其数值范围为 0~1，数值越大表示适合进行因子分析的程度越高。一般来说，KMO 值大于 0.9 表示非常适合做因子分析，0.8~0.9 表示很适合做因子分析，0.7~0.8 表示适合做因子分析，0.6~0.7 表示勉强适合做因子分析，而小于 0.6 则不太适合进行因子分析。通过对表 7-6 中的数据进行分析，可以看到感知成本、感知便捷性、感知效用性、新型农村集体经济认同度、服务满意度、收益满意度和持续参与意愿的 KMO 值均大于 0.8，且 Bartlett 球形检验结果显著，表明样本数据非常适合进行因子分析，具有良好的建构效度。另外，还对量表的信度进行了检验，采用 Cronbach's α 系数作为评价指标。Cronbach's α 系数用于评估量表内部题项之间的一致性程度，其数值范围为 0~1，数值越大表示内部一致性越好。一般来说，α 系数大于 0.7 表示量表具有较好的信度。通过对感知成本、感知便捷性、感知效用性、新型农村集体经济认同度、服务满意度、收益满意度和持续参与意愿的信度检验结果分析，发现它们的 Cronbach's α 值均大于 0.7，表明这些量表具有很好的信度。综合以上分析结果，可以得出结论：本书中所采用的量表在效度和信度方面均通过了检验，具有较强的可靠性和可信度，适合用于进一步的研究工作。这意味着所获取的数据是可靠且有效的，可以为研究农户参与新型农村集体经济提供有力的支持和依据。

表 7-6　构建效度分析结果

变量	KMO	Bartlett 球形检验（显著性）	
感知成本	0.88	3654.78	（0.00）
感知便捷性	0.82	3369.86	（0.00）
感知效用性	0.89	3896.46	（0.00）
新型农村集体经济认同度	0.81	3322.74	（0.00）
服务满意度	0.87	4780.39	（0.00）
收益满意度	0.86	2587.41	（0.00）
持续参与意愿	0.84	3269.59	（0.00）

由表 7-7 可知，农户参与新型农村集体经济的同源误差 Harman's 单因子检验测量结果表明了，在研究中所涉及的潜在因素之间的关系以及这些因素对整体模型拟合的影响。在本书中，对农户参与新型农村集体经济的五个关键变量进行了分析：感知成本、感知便捷性、感知效用性、感知满意度和持续参与意愿。通过不同的因子模型，包括单因子模型、双因子模型、三因子模型、四因子模型以及五因子模型，来探究这些变量之间的关系以及它们对整体模型拟合的影响。在单因子模型中，将所有五个变量合并成一个变量，以探究它们对模型的整体拟合度的影响。结果显示，当将所有变量合并为一个因子时，模型的拟合度显著变差，这表明了在单因

子模型中，各个变量之间存在较大的同源误差。这也暗示了在该研究中，单一的因素无法完全解释农户参与新型农村集体经济的复杂性。在双因子模型中，将感知成本、感知便捷性、感知效用性和感知满意度合并成一个变量，以探究这些变量之间的共性。结果显示，在双因子模型中，模型的拟合度有所改善，但仍然存在一定的同源误差，表明这些变量之间仍然存在一定程度的相关性。在三因子模型中，将感知成本、感知便捷性和感知效用性合并成一个变量，以进一步探究它们对整体模型的影响。结果显示，在三因子模型中，模型的拟合度得到了进一步改善，但仍然存在一定的同源误差，表明即使将一部分相关的变量合并起来，仍然无法完全消除模型中的同源误差。在四因子模型中，将感知便捷性和感知效用性合并成一个变量，以探究这两个变量对模型的整体拟合的影响。结果显示，在四因子模型中，模型的拟合度得到了进一步改善，但仍然存在同源误差，表明这两个变量之间仍然存在一定的相关性。在五因子模型中，没有对任何变量进行合并，而是保持了所有变量的独立性。结果显示，五因子模型的拟合度达到了比较理想的标准，与其他模型相比，五因子模型对实际数据的拟合效果最为理想。这表明在该研究中，每个变量都具有较好的区分度，能够较好地代表不同的概念。综上所述，农户参与新型农村集体经济的同源误差 Harman's 单因子检验结果表明，在该研究中，各个变量之间存在一定程度的同源误差，但通过采用不同的因子模型，可以逐步探究这些变量之间的关系，并找到最适合实际数据的模型。因此，在进行研究和分析时，需要综合考虑各个因子模型的拟合度以及同源误差的影响，以更准确地理解农户参与新型农村集体经济的行为和决策过程。

表 7-7　同源误差 Harman's 单因子检验测量结果

模型	χ^2/df	RMR	RMSEA	GFI	AGFI	IFI	CFI
单因子模型	4.146	0.067	0.990	0.591	0.569	0.580	0.569
双因子模型	3.451	0.087	0.095	0.681	0.626	0.641	0.641
三因子模型	3.422	0.076	0.083	0.711	0.669	0.700	0.701

续表

模型	χ^2/df	RMR	RMSEA	GFI	AGFI	IFI	CFI
四因子模型	3.870	0.074	0.079	0.799	0.719	0.699	0.710
五因子模型	2.261	0.048	0.081	0.910	0.908	0.898	0.923

7.2.4.2 相关性分析

农户参与新型农村集体经济的相关性分析在本书中扮演着至关重要的角色。通过对各个潜在变量的均值、标准差以及相关系数的分析，能够更好地理解这些变量之间的关系以及它们对整体模型的贡献程度。表7-5展示了这些统计量，提供了一个清晰的视角来评估各个变量之间的差异和相关性。一般而言，期望各个潜在变量在统计上表现出较高的区别效度。这意味着它们在测量上应该具有足够的差异，以便能够准确地区分它们。为了确保模型的有效性，每个潜在变量的 AVE（平均方差提取）的平方根应大于该变量与其他变量的相关系数。这一条件的满足是确保了模型的收敛性和稳定性，使能够准确地评估潜在变量之间的关系。通过表7-8的相关性矩阵，可以观察到业务感知成本与业务感知满意度以及持续参与意愿之间的相关性并不显著。这意味着在本书中，假设 H1 和假设 H2 不成立。换言之，感知成本并不直接影响农户的满意度和持续参与意愿，这与最初的假设有所不同。这一发现提供了宝贵的见解，提示在进一步分析时需要更加深入地探究业务感知成本与其他变量之间可能存在的间接关系或中介机制。可能的解释包括其他外部因素的干扰、中介变量的存在以及测量误差等。综上所述，农户参与新型农村集体经济的相关性分析揭示了不同变量之间复杂而微妙的关系。

表7-8 变量的均值、标准差及相关性系数

变量	M	SD	1	2	3	4	5
感知成本	2.299	0.594	0.791	—	—	—	—
感知便捷性	3.869	0.599	−0.198**	0.696	—	—	—

变量	M	SD	1	2	3	4	5
感知效用性	3.492	0.591	−0.558**	0.607**	0.794	—	
感知满意度	3.291	0.689	−0.098	0.391**	0.609**	0.808	—
持续参与意愿	3.401	0.681	−0.110	0.419**	0.408**	0.593**	0.805

注：** 表示在 0.01 水平（双侧）上显著相关。斜对角线上数值表示对应变量 AVE 的平方根。

依据调查问卷，整体性描述了五个变量，结论如下：

第一，农户参与新型农村集体经济发展的成本。农户认为参与新型农村集体经济发展项目的成本不高（M=2.299）。农户参与新型农村集体经济项目的成本评估是理解其参与动机和行为的关键一环。调查结果显示，农户普遍认为参与这些项目的成本并不高。具体而言，农户认为投资是参与这些项目的直观表现，但大多数被调查的农户认为其资金投入并不高。此外，农户在参与过程中所花费的时间相对较少，而审议小组的内部审议也被认为是简单易行的，农户甚至表示许多流程"就签个字"即可完成，这表明农户对参与这些项目所需的资金、资源和时间成本都持有较为宽容的态度。然而，与投资、时间成本相比，农户对人情和关系方面的支出并不是那么重视，甚至被认为是成本评价中的次要因素。这可能反映了一些合作社存在通过关系优先办理的情况，或者在新型农村集体经济发展高收益阶段存在插队现象。这些现象表明新型农村集体经济项目的经营过程可能存在不足之处，缺乏透明度和公正性。农户普遍反映几乎没有看到有关这些项目的公告或明示，这也进一步加深了对合作社内部运作机制的不确定性和不信任感。综上所述，农户参与新型农村集体经济项目的成本评估对理解的参与行为和动机至关重要。尽管对投资和时间成本较为宽容，但对于人情和关系方面的支出却持保留态度。这提示在推动这些项目时，需要加强对合作社内部机制的透明度和公正性，以建立更加健全和可持续的经济模式，为农村经济的发展和农户生活质量的提升提供更有效的支持和保障。

第二，农户参与新型农村集体经济发展的便捷性。农户对便捷性的评价较高（M＝3.869）；具体来看，农户参与新型农村集体经济发展的便捷性评估是理解参与行为的另一个关键因素。根据调查结果，农户对这方面的评价整体较高。具体而言，农户认为参与这些项目相对便捷的主要原因之一是对获得收益的期望值较低。然而，一些农户在参与过程中遇到了一些阻碍，这给农户留下了一定的负面印象。一些被调查的农户表示，虽然有参与新型农村集体经济项目的经历，但参与过程中并不需要担保人。填写资料的过程需要花费大量的时间和精力，有的农户甚至需要跑"三四趟"才能完成，这些经历给农户留下了参与难的印象。然而，多数新型农村集体经济组织填写单据的地点在村或镇上，而且经办人通常会帮助农户填写，流程也相对容易，这些因素使得农户在被问及便捷性问题时多数持有积极态度。然而，农户对于进一步参与项目的便捷性感知较差。许多新型农村集体经济项目要求农户提供资金和土地等资源参与其中，这增加了参与的门槛。农户对于参与新型农村集体经济的操作程序不够熟悉，虽然知道有这样的机会，但具体操作流程和条件却不清楚。对于参与方式的模糊感知也增加了农户的不便程度。综上所述，农户参与新型农村集体经济的便捷性评估对于深入了解的参与行为至关重要。尽管对一些方面的便捷性持有积极态度，但仍然存在一些障碍和不便之处，需要进一步优化和改善相关的政策和服务，以提升农户参与新型农村集体经济的便捷程度，从而推动农村经济的发展和农户生活水平的提高。

第三，农户参与新型农村集体经济发展的效用性。农户对效用性的评价较高（M＝3.492）；具体来看，农户参与新型农村集体经济发展的效用性评估是深入了解其参与动机和期望的关键一环。根据调查结果，农户对这方面的评价整体较高。具体而言，农户主要通过与其他参与项目的收益比较来评估新型农村集体经济的效益。普遍认为参与新型农村集体经济发展可以带来更大的收益可能性，而且投入相对较低，比其他组织更为经济实惠。被调查的农户对新型农村集体经济发展有一定程度的了解，试点组织按照监管部门的要求召开全体社员大会或社员代表大会，为农户提供了充分的信息。在此基础上，农户预期新型农村集体经济发展有助于解决自身发展需求。初期，新型农村集体经济发展组织与社员的期望值相当，通过按规程办理农户参与业务手续，确保组织成员能够迅速获得合同。调查结果显示，绝大多数新型农村集体经济发展组织能在 1~2 天内办理好参与申请手续，为农户提供了高效便捷的服务。在资金投入方面，范围的广泛性使农户有更大的选择自由度，可以根据自身能力在 5000 元至 5 万元进行投入，这体现了农户参与的自愿特征。因此，农户对于新型农村集体经济的效用性评价相对较高。然而，调查也发现，农户普遍认为新型农村集体经济发展并不能完全取代传统的农业生产方式。综上所述，农户对新型农村集体经济发展的效用性评价反映了对项目收益、投入成本以及操作流程的综合认知。这提供了深入了解农户参与动机和期望的视角，同时也提示着在推动新型农村集体经济发展时需要更好地满足农户的期望，同时保留并优化传统农业生产方式。

第四，农户参与新型农村集体经济发展的满意度。农户参与新型农村集体经济发展的满意度较高（M=3.291）；具体来看，农户参与新型农村集体经济发展的满意度评估是了解其参与体验和期望实现程度的重要指标。根据调查结果，农户整体对于新型农村集体经济发展的满意度较高。具体而言，农户对于项目的总体情况满意度较高，特别是对参与条件、审批速度和工作人员服务态度的满意度最为突出，其次是参与方式。然而，在收益预期和合同期限方面的满意度较低，而对项目覆盖范围存在较大争议。农户普遍认可新型农村集体经济发展的整体情况，特别是在参与条件、审批速度和工作人员服务态度等方面给予了高度的认可。这些因素对农户参与体验和项目的顺利推进至关重要。然而，调查显示，农户对收益预期和合同期限的满意度较低，表明对项目实际收益的实现程度并不太满意，同时对于项目合同的期限也存在一定的疑虑。在参与方式方面，农户对现有的参与方式普遍持肯定态度，但在涉及核心要素如投资额度和期限方面的满意度较低。这反映了农户对于通过参与新型农村集体经济发展实现预期收益的期望未能完全达到，部分农户的收益需求尚未得到满足。另外，在参与模式和项目覆盖范围方面存在较大的争议。一方面，不同的新型农村集体经济发展组织制定了不同的参与合作模式，这给农户的满意度带来了一定的影响。另一方面，一些组织地处行政交界地区，由于规定限制非本村本乡成员的参与，导致了一定程度上的不便和不满。综上所述，农户参与新型农村集体经济发展的满意度评估反映了对项目实际运作情况和期望达成程度的综合认知。在未来推动新型农村集体经济发展过程中，需要进一步关注农户的收益预期和参与方式的优化，同时解决项目覆盖范围和参与模式等方面存在的争议，以提升农户的参与体验和满意度，推动项目的健康发展。

第五，农户参与新型农村集体经济发展的意愿（M = 3.401）。农户参与新型农村集体经济发展的意愿在这几个指标中并不算高；具体来看，农户参与新型农村集体经济发展的意愿评估是了解对项目参与的倾向和态度的关键指标。调查结果显示，农户的参与意愿并不算高，尽管对新型农村集体经济发展整体效益持认可态度，但在具体指标上存在一定的保留。几乎所有参与新型农村集体经济发展项目的被调查农户都认可了其整体效益，并将其视为再次创新传统农业生产销售模式的首选渠道。相比其他组织，农户普遍认为参与新型农村集体经济项目更为容易，且不会牵涉到欠人情的情况，这体现了对于项目的某种优势认知。然而，农户也指出了一些问题，如投入额度较大、期限较长，这对一些农户而言可能构成一定的障碍。少量的资金投入，如几百元、几千元，农户更倾向于通过自家土地进行投资，而不愿意参与管理，这表明了对项目的忠诚度还不够高。这一调查结果显示了农户在参与新型农村集体经济发展时对于投入成本和管理责任的关注。虽然认可项目的潜在收益和便捷性，但对于投入额度和期限较长等方面存在一定的犹豫和保留。这也说明了新型农村集体经济发展目前只能满足部分农户的需求，还需要进一步优化和改进，以提升农户的参与意愿和忠诚度，从而推动项目的稳步发展。

7.2.5　模型评价与估计

根据修正后的模型拟合指标，可以看出，χ^2/df 值为 2.261，RMSEA 值为 0.081，GFI 值为 0.910，AGFI 值为 0.908，IFI 值为 0.898，CFI 值为 0.923。这些指标均在可接受的范围内，表明模型的拟合效果较好。由图 7-2 可知，感知成本对感知满意度的负面影响不显著（$\beta = -0.07$，$p > 0.05$），对持续参与意愿的负面影响也不显著（$\beta = -0.15$，$p > 0.05$），因此，假设 H1 和假设 H2 不成立。感知便捷性对感知满意度有显著的正向影响（$\beta = 0.52$，$p < 0.001$），同时对持续参与意愿也有显著的正面影响（$\beta = 0.49$，$p < 0.001$），因此假设 H3 和假设 H4 成立。此外，感知效用性对感知满意度也有显著的正向影响（$\beta = 0.19$，$p < 0.001$），对持续参与意愿的正面影响更为显著（$\beta = 0.75$，$p < 0.001$），因此假设 H5 和假设 H6 也成立。

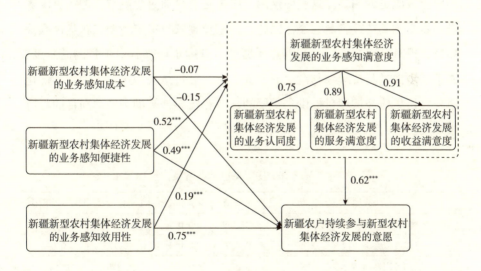

图 7-2　结构方程模型

二阶因子感知满意度的三个变量的负载分别为 0.750、0.890、0.910，表明用这三个维度来反映感知满意度是合适的，从而验证了模型的有效性。综上所述，通过结构方程模型检验，验证了新疆农户参与新型农村集体经济的意愿和满意度之间的关系。结果显示，农户对于项目的便捷性和效用性会显著影响其满意度和持续参与意愿，这为进一步优化农户参与新型农村集体经济提供了重要的理论和实践指导。

运用 Bootstrap 中介变量检验，采用 Spssprocess 程序对新疆农户参与新型农村集体经济的数据进行统计分析。在 934 个样本中估计 95% 的置信区间，进行效应检验。检验结果显示：在感知成本与持续参与意愿之间的中介效应不显著，中介效应值为-0.012，且95%置信区间包含了 0，因此假设 H7a 不成立。而在感知便捷性与持续参与意愿之间的中介效应显著，中介效应值为 0.339，95%置信区间不包含 0，因此假设 H7b 成立。同样地，在感知效用性与持续参与意愿之间的中介效应也显著，中介效应值为 0.241，95%置信区间不包含 0，因此假设 H7c 也成立（见表 7-9）。进一步分析发现，在这三个中介效应中，感知效用性和感知便捷性对参与行为的中介效应更为明显，这表明这两个因素更容易通过影响农户的满意度来进一步影响其持续参与意愿。因此，对于新疆农户参与新型农村集体经济项目，提升其感知效用性和感知便捷性，有助于增强其对项目的满意度，并进一步促进其持续参与意愿的形成。这一分析结果为进一步理解和优化新型农村集体经济项目提供了重要的参考和指导，有助于推动项目的可持续发展。

表 7-9 中介效应检验结果

中介路径	效应值	Boot 标准误	BootCI 上限	BootCI 下限
感知成本→持续参与意愿	-0.139	0.091	-0.379	0.429
感知便捷性→持续参与意愿	0.439	0.051	-0.138	-0.041
感知效用性→持续参与意愿	0.603	0.119	0.429	0.501
感知成本→感知满意度→持续参与意愿	-0.012	0.061	-0.145	0.038
感知便捷性→感知满意度→持续参与意愿	0.339	0.064	0.105	0.161
感知效用性→感知满意度→持续参与意愿	0.241	0.170	0.052	0.183

7.2.6　结构方程模型（SEM）分析结论

基于顾客感知价值理论，对农户参与新疆新型农村集体经济发展项目中，农户对参与新疆新型农村集体经济发展的感知成本、感知便捷性、感知效用性、感知满意度和持续参与意愿之间的关系进行了研究。通过提出假设并收集数据，运用结构方程模型进行分析，验证了研究假设，得出以下研究结论：

第一，感知成本与参与意愿的关系：发现新疆新型农村集体经济发展的感知成本与感知满意度之间的相关性不显著，也与业务持续参与意愿之间的负相关性不显著。这表明感知成本并不会直接影响农户的业务持续参与意愿。这一结论与调研结果相符，即农户普遍认为新疆新型农村集体经济发展的成本并不高。

第二，感知便捷性与参与意愿的关系：观察到新疆新型农村集体经济发展的感知便捷性与感知满意度之间呈正相关，同时与持续参与意愿之间也呈正相关。而且，感知满意度在感知便捷性与持续参与意愿之间的中介效应是显著的。这意味着新疆新型农村集体经济发展越容易办理，农户对项目的满意度就会越高，从而提高了业务的持续参与意愿。

第三，感知效用性与参与意愿的关系：发现新疆新型农村集体经济发展的感知有用性与感知满意度之间存在正相关关系，同时与业务持续参与意愿之间也存在正相关关系。并且，感知满意度在感知效用性与业务持续参与意愿之间的中介效应也是显著的。这说明新疆新型农村集体经济发展的作用越强，农户对项目的满意度就会越高，进而促进了业务的持续参与意愿的形成。

综上所述，研究结果揭示了新疆农户参与新型农村集体经济的感知成本、感知便捷性和感知效用性与业务感知满意度及持续参与意愿之间的复杂关系。这些发现为进一步理解和优化新型农村集体经济项目提供了重要的理论和实践指导，有助于推动项目的可持续发展，促进新疆地区农村经济的繁荣与发展。

7.3 农户参与新型农村集体经济
发展影响因素分析

前文运用结构方程模型对农户参与新疆新型农村集体经济发展的主观
感知因素进行了分析，并阐明了这些因素与新疆新型农村集体经济发展可
持续参与意愿之间的作用机理。本节将通过二元 Logistic 回归模型具体分
析影响社员参与行为的因素如何影响社员对新疆新型农村集体经济发展的
参与行为，以便将经验研究更加深入和具体化。在研究社员参与新疆新型
农村集体经济发展的影响因素时，选取了一系列可能影响参与行为的因素
进行了分析。这些因素涵盖了社员的个人特征、经济状况等多个方面，以
全面了解社员对新疆新型农村集体经济发展的参与行为。

7.3.1 理论模型与研究假设

科尔曼强调了理性行动在社会性行为中的关键作用，指出这种行动是
通过人际交往或社会交换来实现特定目的的社会性行为。这种行动需要考
虑各种因素对目标的影响，并强调了理性的相对性，必须以行动者的角度
来衡量。在农户的情境下，农户的行为也是基于对农村市场的理性认知而
做出的选择。因此，本部分采用成本收益分析法构建社员的行为决策模
型。社员参与新疆新型农村集体经济发展行为的决策模型可以用数学表达
式来表示：

$$D(R)=P\{(E-C)>R\} \tag{7-7}$$

其中，E 表示预期收益，C 表示成本或损失，R 表示不参与新疆新型
农村集体经济发展的平均收益。社员农户通过比较参与新疆新型农村集体
经济发展的收益与成本，如果参与的机会成本小于不参加，则会选择参
与。这一模型强调了理性决策的基本逻辑，即农户在面对不同选择时会考

虑潜在的收益和成本。在该数学表达式中，预期收益 E 受到内外部环境的制约，其数学表达式为：

$$E = f(X_i, Y_i) \tag{7-8}$$

其中，约束条件为 $f(X_i, Y_i) \geqslant 0$。这表明预期收益受到农户内在和外在因素的影响，这两种因素可能为正，起到推动作用，也可能为负，成为阻力。在这两种因素的共同作用下，如果最终合力为正，农户就更有可能选择参与新疆新型农村集体经济发展行为。这一理论模型与研究假设强调了农户在参与新型农村集体经济发展中的理性决策过程。通过对内在因素和外在因素的分析，能够更全面地了解农户的行为选择机制。其中，内在因素 X_i 和外在因素 Y_i 的影响可能在促动和阻力之间变化，从而影响最终的决策结果。这一理论模型不仅有助于理解农户参与新型农村集体经济发展的行为逻辑，还为政策制定提供了重要的参考依据。通过深入分析理性决策的背后机制，能够更有效地设计和实施促进农户参与的政策和措施，推动新型农村集体经济项目的可持续发展。

7.3.1.1　农户参与新型农村集体经济组织的行为决策模型

针对影响新疆农户参与新型农村集体经济组织的行为决策模型，已有多位学者进行了深入研究。这些影响因素涵盖了农户个人及家庭情况以及新疆新型农村集体经济发展情况等多个方面。具体包括参与农户的年龄、受教育程度、家庭年收入水平、生产性投资支出比重等个人及家庭情况，以及新疆新型农村集体经济发展的类型、融资规模、成员总数、社际资金互助等情况。此外，项目服务满意度、参与流程方便性、与最近管理部门的距离以及农户对新疆新型农村集体经济发展的了解程度等因素也会对农户的参与意愿产生影响。在新疆新型农村集体经济发展试点中，政府制定了详细的实施方案和规范条款，而不是依靠农民自发开展的合作模式。理论分析表明，农民参与决策的核心逻辑主要包括以下几点：首先，农民会比较不同合作组织的投入成本，包括参与条件、处理时间、收益可获得性等方面，从而决定是否参与。其次，农民会对新疆新型农村集体经济发展获取资金的成本收益进行比较，这是影响其参与的根本原因。最后，农户家庭的生产、经济条件差异，以及对预期收益、参与模式、合同年限的不同需求，也会影响农户的参与意愿。此外，家庭文化情况、与新疆新型农村集体经济发展联系的紧密程度、对项目的认知程度以及申请参与的经历等因素也对农户的参与意愿产生显著影响。通过对相关文献的梳理和专家访谈，结合新疆新型农村集体经济发展模式的试点实践，得出了影响农户参与行为的相关因素。这些因素可分为四大类，即合作社社员农户基本身份特征、农户家庭特征、农户投入情况以及农户体验情况。这一行为决策模型的建立有助于深入理解农户参与决策的复杂性，并为制定促进新型农村集体经济发展的政策提供科学依据。如图 7-3 所示。

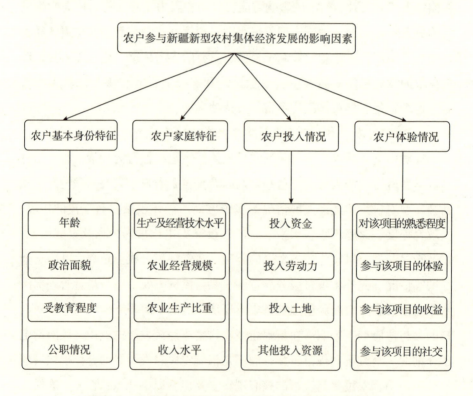

图 7-3　农户参与新疆新型农村集体经济发展的影响因素

7.3.1.2　影响农户参与新型农村集体经济组织行为的主要因素

第一，农户自身资源禀赋。一般来说，农户的年龄与尝试新事物之间呈负相关关系，年龄较大的人更倾向于回避风险。同时，随着受教育程度的提高，农民的受教育程度通常与年龄呈负相关关系，意味着年青一代的受教育程度更高。然而，在农村地区，乡村务农的大多是年龄较大的人群，这使得年龄因素对于参与新型农村集体经济发展的行为和意愿的影响不容易直接考察。理论上，新型农村集体经济发展相比其他合作形式更贴近农民，因为它不需要参与者掌握额外的专业知识。然而，随着对经营风险管控的增强，参与行为也需要按照一定的操作流程进行。例如，在新疆的试点方案中，详细规定了业务办理的具体规程。在这种情况下，受教育程度高的社员更容易理解和接受相关规定。目前的参与情况显示，参与投资一般要求农民拥有土地或资金等资源。然而，农民对于房产、耕地等资源仍然不具有完全所有权，而且其他形式的投入也相对缺乏。因此，如果农户及其亲属的社会关系中具有组织认可的职业从业人员，农民会更可能快速申请成功。相应地，可能不会选择办理新型农村集体经济组织的参与业务。综上所述，影响农户参与新型农村集体经济组织的行为主要受到农户自身资源禀赋、受教育程度、社会关系以及对操作流程的理解等因素的影响。这些因素在农户决定是否参与新型农村集体经济发展时起着重要作用，需要在政策制定和实施过程中得到充分考虑，以促进农村经济的发展和提升农民的福祉。

第二，农户家庭生产情况。农户家庭的生产情况是影响其参与新型农村集体经济组织行为和意愿的另一个重要因素。由于新疆新型农村集体经济发展的服务对象主要是农业生产的发展需求，因此农户家庭的农业生产情况直接关系到其是否愿意参加合作社的新型农村集体经济发展。农户的生产规模和经营能力反映了其自身的经济实力，其中也包括资金实力。规模较大的农户通常拥有较多的自有资金，因此更有可能参与更多的项目。然而，新疆新型农村集体经济发展所提供的项目规模通常较大，不太适合需要大额资金投入的农户，因此中小规模农户更有可能符合项目需求。农户家庭的纯收入是其进行农业再生产的基本条件。收入较高的家庭更有可能扩大生产规模，从而催生新的发展需求。在大农业的概念下，不同的细分产业拥有不同的增加值。例如，种植蔬菜和温室大棚的经济效率通常比粮食种植要高，因此农户经营这些高产值品类的收入期望值也更高。此外，这些农户通常具有更强的技术应用能力，更有可能融入新技术生产，因此更有可能参与新型农村集体经济发展。综上所述，农户家庭的生产情况直接影响参与新型农村集体经济组织的行为和意愿。通过对农户生产规模、经营能力以及收入水平的分析，可以更好地理解农户参与决策过程，并为政策制定提供科学依据，从而促进新型农村集体经济的发展和提升农民的福祉。

第三，农户资金投入情况。在农村地区，融资类组织相对较少，主要包括中国农业银行和农村商业银行等。同时，农民通常具有有限的金融知识，因此对于融资服务的了解程度有限。在这种情况下，农民更倾向于选择程序简单明了的融资渠道。尽管参与的成本应该是农户考虑的一个重要因素，但事实上，可供农民选择的融资渠道极为有限。因此，农户通常会在不了解流程的情况下尽可能地参与，甚至会选择更简化的合作组织。在这种情况下，能够获取资金成为农户首要考虑的约束条件，而发展等其他条件则成为次要因素，导致无法进行充分的选择。基于以上分析，本书假设参与成本对农户参与新型农村集体经济发展的行为影响不明确。农户是否有过参与经历，对不同合作模式的比较也会影响其行为选择。农户参与意愿的高低在一定程度上反映了对发展需求的紧迫性和对新合作渠道的可接受程度。愿意参与程度越高，说明该农户更倾向于参与新型农村集体经济组织，如果存在新的合作模式，也更容易接受。投入成本是农户参与新型农村集体经济组织的重要因素之一。如果存在多种可能的合作模式，成本的高低直接影响着农户的选择。投入成本包括利率损失、申请时间、手续复杂程度、土地资源或融资获得的困难程度等方面。从衡量效度和数据采集难易度的角度来看，成本的高低直接决定了农户是否参与新型农村集体经济组织。综上所述，农户资金投入情况对其参与新型农村集体经济组织的行为和意愿具有重要影响。政策制定者应当充分考虑投入成本对农户的影响，并采取措施降低参与的门槛，以促进新型农村集体经济的发展和农民的福祉提升。

第四，新疆新型农村集体经济发展体验情况。虽然新疆新型农村集体经济发展并不是一项新事物，在农村合作社开始时已经存在各种形式，包括制度内和制度外的形式，在各地都有过或正在进行。因此，农户与之打过交道的程度或多或少，农户的体验也会对进一步参与的行为和意愿产生影响。农户的发展需求是否得到满足，以及与新型农村集体经济组织项目供给的契合度如何，将显著地影响农户是否会继续参与新型农村集体经济的发展。在这方面，主要考量农户的投资和收益。如果农户能够获得满足需求且符合预期的收益，将更有动力继续选择参与新型农村集体经济的发展。综上所述，新疆新型农村集体经济发展的体验情况对农户的参与行为和意愿具有重要影响。政策制定者应当密切关注农户的体验反馈，确保项目供给与农户需求的契合度，以提升农户的参与意愿，促进新型农村集体经济的可持续发展。

7.3.2　变量描述

在分析新疆新型农村集体经济发展的问卷调查数据时，首要任务是系统整理数据，将影响农户参与的自变量因素归纳为四大类。这包括参与新疆新型农村集体经济发展的农户的自身资源禀赋、家庭生产状况、农户项目参与情况以及在新疆新型农村集体经济中的体验。然后从这些类别中挑选了 13 个变量，这些变量旨在全面反映社员对合作社新疆新型农村集体经济发展的行为和意愿的选择。这些变量可被简化为一个函数形式，即意愿等于农户自身特征、家庭特征、投入情况以及新疆新型农村集体经济发展体验的函数，加上一个随机扰动项。在这个分析中，特别关注了年龄、家庭农业经营规模和农户参与项目数量这三个变量，它们是依据实际结果度量的。而其余变量则通过量表测量并进行相应赋值。表 7-10 详细列举了各变量的定义和相应的数值赋值。

表 7-10　变量定义及其赋值

变量	变量定义
Y 农户参与新疆新型农村集体经济发展的意愿	农户具有积极参与意愿的赋予 1 分，不参与的赋予 0 分
X_1 年龄	户主实际年龄（岁）
X_2 受教育程度	受教育年限（年）
X_3 家庭经营的技术水平	家庭经营中使用了现代农业生产技术的赋予 1 分，仍然采用传统农业生产技术的赋予 0 分
X_4 家庭农业经营规模	家庭土地耕种面积（亩）
X_5 农业生产比重	农业生产占收入比重，分别赋予 4~1 分
X_6 家庭收入水平	收入水平，分别赋予 5~1 分
X_7 农户投资项目数	农户年度投资的项目数量
X_8 农户投资收益水平	收益高于投入的成本赋予 1 分，低于的赋予 0 分
X_9 农户对新疆新型农村集体经济发展的知晓度	对新疆新型农村集体经济发展比较熟悉的赋予 1 分，没有赋予 0 分
X_{10} 农户对新疆新型农村集体经济发展的参与体验	参与过新疆新型农村集体经济发展且体验较好的，赋予 1 分，否则赋予 0 分
X_{11} 农户融资知识的掌握情况	农户是否熟悉有关融资知识，如投资条件、政府政策等，比较熟悉的赋予 1 分，了解较少的赋予 0 分
X_{12} 农户参与新疆新型农村集体经济发展的成本	认为参与新疆新型农村集体经济发展成本较高的赋予 1 分，其他赋予 0 分
X_{13} 农户参与其他合作组织情况	农户参与了其他合作组织的赋予 1 分，其他赋予 0 分

7.3.3　二元 Logistics 回归模型

在研究社员农户参与合作社新疆新型农村集体经济发展意愿的问题时，需要考虑这一变量属于非连续性变量。而二元 Logistic 回归分析正是适用于因变量为两分变量的情况，是理想的模型之一，用来分析微观个体的意愿、决策行为及其影响因素。因此，选用二元 Logistic 模型进行回归分析，以探究社员农户参与合作社新疆新型农村集体经济发展的意愿及其影响因素。在这个模型中，因变量为两分变量，即社员农户是否参与新疆新型农村集体经济发展的意愿。将积极参与的赋值为 1，不参与的赋值为 0。基于此，建立了影响社员农户参与合作社新疆新型农村集体经济发展意愿的二元 Logistic 回归模型。这个模型的建立是为了深入理解影响因素，以便为相关决策提供科学依据。在这个模型中，将考虑各种因素对社员农户参与意愿的影响，包括但不限于社员的个人特征、合作社的运营情况、农村经济环境等。通过对这些因素的分析，可以更好地了解什么因素会促使社员农户积极参与新型农村集体经济，从而为相关政策的制定提供可靠的建议。二元 Logistic 回归模型的建立是一个复杂而重要的过程，需要考虑到多个因素的相互作用以及数据的质量和可靠性。只有通过深入的分析和严谨的方法，才能得出准确的结论，为新型农村集体经济的发展提供有力支持。影响社员农户参与合作社新疆新型农村集体经济发展的行为因素的二元 Logistic 回归模型建立如下：

$$P = f(x_1, x_2, \cdots, x_n), \quad n = 5 \tag{7-9}$$

其中，P 表示社员农户参与合作社新疆新型农村集体经济发展的概率，x_1，x_2，$\cdots$，x_n 表示研究变量。

Logistic 概率函数的形式为：

$$p = \frac{Exp(Z)}{1 + Exp(Z)} \tag{7-10}$$

其中，$Z = \theta_0 + \theta_1 x_1 + \theta_2 x_2 +, \cdots, + \theta_n x_n = \theta_0 + \sum_{i=1}^{n} \theta_i x_i$，$n = 13$

进一步进行 Logit 转换后，可得到 Logistic 回归方程式：

$$f(p) = \frac{e^p}{1 + e^p} = \frac{e^{\theta_0 + \theta_1 x_1 + \cdots + \theta_n x_n}}{1 + e^{\theta_0 + \theta_1 x_1 + \cdots + \theta_n x_n}}, \quad n = 13 \tag{7-11}$$

其中，θ_0 是常数项；θ_i 是回归参数，表示因素贡献率。

7.3.4　模型检验与结果分析

7.3.4.1　描述性统计分析

本次调查采用问卷调查方法，总计发放了 1000 份问卷，其中有 934 份问卷被认为有效，有效率达 93.4%，提供了充足的数据基础。通过使用 SPSS 数据软件对各个变量的数据进行统计分析，相关结果汇总如表 7-11 所示。

表 7-11　各变量统计分析

变量	最大值	最小值	均值	标准差
Y 农户参与新疆新型农村集体经济发展的意愿	1	0	0.49	0.50
X_1 年龄	82	19	42.00	13.69
X_2 受教育程度	15	0	8.59	3.88
X_3 家庭经营的技术水平	1	0	0.94	0.13
X_4 家庭农业经营规模	64	0	6.26	4.01
X_5 农业生产比重	5	1	2.01	0.35
X_6 家庭收入水平	6	1	2.91	0.96
X_7 农户投资项目数	8	0	4.12	1.32
X_8 农户投资收益水平	1	0	0.75	0.47
X_9 农户对新疆新型农村集体经济发展的知晓度	1	0	0.43	0.51
X_{10} 农户对新疆新型农村集体经济发展的参与体验	1	0	0.26	0.39
X_{11} 农户融资知识的掌握情况	1	0	0.11	0.29
X_{12} 农户参与新疆新型农村集体经济发展的成本	1	0	0.19	0.39
X_{13} 农户参与其他合作组织情况	1	0	0.73	0.41

从表 7-11 的统计分析结果可以得知，农户参与新疆新型农村集体经济发展的意愿均值为 0.49。这表明，整体而言，农户对参与新型农村集体经济发展的意愿并不十分强烈。标准差为 0.50，显示有意愿和无意愿的人数基本相当，反映了参与意愿的分布相对平均。在反映农户情况的指标中，关于被调查农户的个人情况，平均年龄为 42 岁，且被调查者年龄分布较为均匀。受教育程度方面，平均受教育年限为 8.59 年，基本完成了九年义务教育，提供了对受访农户整体受教育水平的了解。关于农户家庭经营情况，被调查农户的家庭平均耕地面积约为 6.26 亩，表明大部分农户的土地规模较小。然而，值得注意的是，绝大多数农户都采用了至少

一种现代农业生产技术，如设施农业、规模养殖、特色农业、绿色农业等。这显示了农户在生产方式上的多样性和现代化程度。尽管现代农业技术得到了广泛应用，但从收入角度来看，大多数农户的农业收入占家庭总收入的比重不足一半。

在考察农户融资情况时，可以关注一些重要指标。例如，农户投资项目情况是一个关键指标之一。根据调查结果，被调查农户在过去一年中平均参与了约 4 次投资项目，而最多可达 8 个项目。这表明，大多数农户都有过投资经验，并且对于寻求更高收益的需求较为强烈。此外，标准差为 1.32，说明投资项目次数的分布相对分散，但整体呈现出参与项目经历的普遍性。然而，在农户参与新疆新型农村集体经济发展的情况中，调查发现了一些问题。首先是农户对于新型农村集体经济发展的认知情况不佳，对相关流程、具体要求等的知晓度仅为 0.43。这可能与调查中反映的融资知识掌握情况平均值仅为 0.11 相对应。在办理新疆新型农村集体经济发展过程中，农户可能不清楚业务办理的具体要求，通常由组织经办人员代为办理，包括填表、交材料等。这种情况也可能与组织反映的程序复杂，农户对业务流程的认识不同相对应。

关于参与项目投资成本的比较，调查显示，有 79% 的被调查农户认为参与新疆新型农村集体经济发展的投入低于其他合作组织，而仅有 5% 的被调查农户认为参与新疆新型农村集体经济发展的成本比较高。这意味着农户参与新疆新型农村集体经济发展的综合成本要低于参与其他合作组织的成本投入。此外，其他合作组织获得的收益较低，这进一步强调了新型农村集体经济发展的成本优势。然而，调查也反映出了一些不利因素。超过一半的参与农户对新疆新型农村集体经济发展的整体评价不佳，这可能意味着对该模式存在一定的不满或担忧。同时，有 62% 的被调查农户表示可以通过其他渠道获得合作投资，这表明农村合作组织市场中的供给方较多，可以满足多数农户的投资需求。这种竞争环境激励了新型农村集体经济发展，但也提出了一定的挑战。了解农户参与新型农村集体经济的描述性统计分析对于制定政策和策略至关重要。需要重视农户的反馈和评价，同时从满足农户个性需求的角度出发，提供更好的农户体验，以促进新型农村集体经济的可持续发展。

7.3.4.2 模型统计检验

使用 SPSS 数据软件进行显著性检验，对影响农户参与新疆新型农村集体经济发展的 Logistic 模型进行了深入分析。在这个模型中，包含了涵盖农户自身资源禀赋、家庭生产状况、农户项目参与情况以及在新疆新型农村集体经济中的体验等共 13 个关键变量。整体模型检验结果显示，该 Logistic 模型的卡方值为 54.302，P = 0.000<0.001，达到了显著水平（见表 7-12）。这意味着模型在解释农户参与新型农村集体经济发展的行为上具有统计显著性，能够有效地区分参与和不参与的情况。这是一个令人鼓舞的发现，提供了可靠的统计依据。在具体的模型拟合效果方面，Cox&SnellR2 和 NagelkerkeR2 的值分别为 0.329 和 0.471（见表 7-13）。这两个值分别表示了模型解释的变异性程度。高达 0.471 的 NagelkerkeR2 表明，模型在解释农户参与新型农村集体经济发展方面的变异性较大，说明模型对实际情况的拟合效果相当良好。而 0.329 的 Cox&SnellR2 值则进一步支持了模型的总体拟合效果较好。这些统计检验结果表明，建立的 Logistic 模型在考察影响农户参与新型农村集体经济的因素时具备显著性和解释力。

表 7-12 模型系数的卡方检验

		卡方	df	Sig.
	步骤	54.302	12	0.000
步骤 1	块	54.302	12	0.000
	模型	54.302	12	0.000

表 7-13 模型汇总

	-2 对数似然值	Cox&SnellR2	NagelkerkeR2
步骤 1	619.61	0.329	0.471

7.3.4.3　模型检验结果分析

采用 SPSS 数据软件进行影响农户参与新疆新型农村集体经济发展行为的二元 Logistic 模型回归分析，得到了详细的结果，如表 7-14 所示。通过对模型的估计结果进行观察，发现农户参与新疆新型农村集体经济发展的意愿受到了多个变量的显著影响，其中包括农业经营规模、农业生产比重、家庭收入水平、农户投资项目数、农户收益水平、农户对新疆新型农村集体经济发展的知晓度、农户参与新疆新型农村集体经济发展的成本以及农户参与其他合作组织情况 8 个关键变量。具体而言，农业经营规模、农业生产比重、家庭收入水平、农户投资项目数以及农户对新疆新型农村集体经济发展的知晓度 5 个因变量对农户参与新疆新型农村集体经济发展的意愿具有正向影响。这意味着，随着这些因变量的增加，农户更有可能表达参与的意愿，显示了这些因素在激发农户积极参与的过程中的积极作用。然而，农户收益水平、农户参与新疆新型农村集体经济发展的成本以及农户参与其他合作组织情况 3 个因变量对农户参与新疆新型农村集体经济发展的意愿具有负向影响。这表示，当这些因变量的增加时，农户表达参与的意愿反而减少。特别是农户在新型农村集体经济发展中的成本，以及其参与其他合作组织的情况，对其参与意愿产生了负面影响。

表 7-14　农户参与新疆新型农村集体经济发展行为的二元 Logistic 回归模型

变量	B	S. E.	Wald	df	Sig.	Exp（B）	EXP(B)的95%C. I.	
							下限	上限
X_1	-0.015	0.014	1.680	1	0.205	0.989	0.990	1.001
X_2	0.021	0.015	1.670	1	0.206	1.020	0.989	1.047
X_3	0.171	0.239	0.507	1	0.505	1.203	0.698	1.889
X_4	0.055	0.009	25.202	1	0.001***	0.950	0.931	0.971
X_5	0.281	0.119	5.059	1	0.025**	1.292	1.041	1.679
X_6	0.099	0.036	4.697	1	0.029**	0.893	0.794	0.989
X_7	0.080	0.029	6.090	1	0.016**	1.079	1.021	1.150
X_8	-0.220	0.087	6.097	1	0.015**	0.795	0.680	0.961

续表

变量	B	S. E.	Wald	df	Sig.	Exp（B）	EXP（B）的95%C. I.	
							下限	上限
X_9	0. 397	0. 093	20. 487	1	0. 002***	1. 521	1. 301	1. 830
X_{10}	0. 069	0. 096	0. 492	1	0. 469	0. 931	0. 749	1. 139
X_{11}	0. 063	0. 119	0. 297	1	0. 609	0. 941	0. 739	1. 179
X_{12}	−2. 295	0. 149	210. 391	1	0. 000***	0. 092	0. 685	0. 141
X_{13}	−0. 309	0. 079	12. 990	1	0. 000***	0. 739	0. 639	0. 896
常量	0. 079	0. 393	0. 029	1	0. 861	1. 079	—	—

注：***、**和*分别表示在1%、5%、10%的显著水平。

第一，农户自身基本特征情况，农户个人基本特征，包括 X_1 年龄、X_2 受教育程度，并没有显著影响农户参与新疆新型农村集体经济发展的决策。这表明，这些个人因素对于农户是否参与该发展业务没有明显的影响。这一结论与研究假设 H1 的预期不符，证实了该假设不成立，即农户个人情况对当前新疆新型农村集体经济发展业务的开展影响不大。

第二，农户家庭特征情况，包括 X_4 农业经营规模、X_5 农业生产比重和 X_6 家庭收入水平，对农户参与新疆新型农村集体经济发展有一定影响。在这些因素中，农业经营规模对农户参与意愿的影响在1%的显著水平，而农业生产比重和家庭收入水平在5%的显著水平。这三个因素的影响均为正向，与研究假设 H2 中农业经营规模为负的预期相反。这表明从事农业生产为主的家庭更倾向于参与新疆新型农村集体经济发展业务，可能与通过参与其他合作组织获取收益较为困难有关。农业生产比重的正向影响进一步证实了开展新疆新型农村集体经济发展业务的必要性。而家庭收入水平的显著影响表明，农户的经营水平已经不仅仅局限于传统农业经营模式，在一定程度上的自有资金配合新型农村集体经济发展项目成为扩大再生产的重要保障。综上所述，农户家庭特征因素对是否参与新疆新型农村集体经济发展有着一定程度的影响，其中农业经营规模、农业生产比重和家庭收入水平等因素的正向影响凸显了农户对这一发展模式的积极态度和参与意愿。

第三，农户投入情况，在农户投入情况的影响因素中，包括反映农户参与新疆新型农村集体经济发展情况的 X_7 农户投资项目数、X_8 农户收益水平、X_{11} 农户融资知识的掌握情况以及 X_{13} 农户参与其他合作组织情况。在这些因素中，农户参与其他合作组织情况对农户参与新疆新型农村集体经济发展的影响在 1% 的显著水平上表现出正向效应，而农户投资项目数和农户收益水平在 5% 的显著水平上产生了影响。农户投资项目数的正向影响表明有过投资经历且经常有合作行为的农户更容易接受新疆新型农村集体经济发展业务。相反，农户参与其他合作组织情况的影响为负。这可以理解为其他合作组织存在一些审批难、投资需要抵押或担保、手续复杂等问题，而新疆新型农村集体经济发展业务相对来说成本更低，更容易得到农户的青睐。这部分结果基本印证了研究假设 H3 的思考，即农户更倾向于选择成本较低的途径，符合农户的利益和投资考虑。总体而言，农户投入情况的影响因素提供了深刻的洞察，强调了农户在决策过程中对成本和投资经验的重视。这对于设计更具吸引力的新疆新型农村集体经济发展业务，以及提供更有针对性地支持和培训计划具有指导性的意义。

第四，新疆新型农村集体经济发展体验，在反映农户主观体验情况的影响因素中，包括 X_9 农户对新疆新型农村集体经济发展的知晓度、X_{10} 农户对新疆新型农村集体经济发展的参与体验以及 X_{12} 农户参与新疆新型农村集体经济发展的成本。在这些因素中，农户参与新疆新型农村集体经济发展的成本和农户对新疆新型农村集体经济发展的知晓度对农户的决策产生了显著影响，在 1% 的显著水平。农户参与新疆新型农村集体经济发展成本的负向影响表明农户对投入成本较为敏感。这反驳了研究假设 H4 中关于农户参与新疆新型农村集体经济发展的成本影响不明确的观点。农户对资金使用成本与参与的时间成本的比较成为决策的一把"量尺"。同时，农户对新疆新型农村集体经济发展的知晓度的正向影响说明只要宣传到位，对农户讲清楚新疆新型农村集体经济发展业务是什么，农户就表现出了积极的参与意愿。然而，与研究假设 H4 中的思考相左的是，参与体验的好坏及农户所具有的融资知识并没有显著作用。这或许反映了当前农村地区农户对农村融资合作的普及程度仍然较低，形成了卖方市场。这也为新疆新型农村集体经济发展提供了机会，因为随着城乡差距逐渐缩小和农民融资意识觉醒，农村地区的发展可能会面临更大的难题。因此，及时推动新疆新型农村集体经济发展，借助宣传和解释知晓度的正向影响，将成为实现快速发展的关键因素。

7.3.4.4 模型检验启示

基于试点合作社社员农户的调研数据，结合前一部分明确的意愿行为关系，利用二元 Logistic 模型进行了对影响农户参与新疆新型农村集体经济发展行为的因素的深入分析。通过农民对新制度的收益评价，得出了以下两点启示：

第一，在反映农户家庭生产经营状况的指标中，农业生产规模对农户参与新疆新型农村集体经济发展的意愿产生了显著正向影响，而非务农收入和家庭收入水平呈现出显著负向影响。这一分析揭示了几个关键点，值得深入探讨。一方面，农业生产规模的增长和参与意愿的提升之间存在密切关系。农户发展需求的增加促使更倾向参与新疆新型农村集体经济发展项目，从而获得所需的收益支持生计。农业生产规模较大的农户拥有更多的专有资产，但由于缺乏抵押物，在获得投资方面面临着困难。在这种情况下，新疆新型农村集体经济发展提供了一个有效的融资发展渠道，尤其是针对小规模生产需求的农户，但是是否要满足规模较大农户的需求，仍值得进一步探讨。另一方面，非务农收入的增加导致参与意愿的减弱。这表明，农户如果主要依赖非农业收入，可能已经远离了农村，不再是新疆新型农村集体经济发展的主要目标。这也暗示着新型农村集体经济发展需要更有针对性地选择目标群体，以确保其发展的有效性和可持续性。综上所述，农户家庭生产经营状况对其参与新疆新型农村集体经济发展的意愿产生着重要影响。农业生产规模的增长促进了参与意愿，而非务农收入的增加则减弱了参与意愿。这些发现为农村发展战略的制定和新型农村集体经济发展模式的设计提供了重要的参考，强调了对不同类型农户的差异化策略的需求。

　　第二，反映农户对融资认知度的指标中，包括投资项目数、参与成本、对新疆新型农村集体经济发展的知晓度以及农户参与其他合作组织情况等因素，均对农户参与新疆新型农村集体经济发展的意愿产生显著影响。这一发现揭示了几个关键点：首先，农户对新疆新型农村集体经济发展的了解程度越高，越容易参与其中。其次，参与新型农村集体经济发展的成本越低，农户参与意愿越强。最后，合作组织越多，也会正向影响农户的参与意愿。这些结果提示着融资认知度在农户参与决策中扮演着重要角色。结合前述分析和调研情况可以看出，农户对新疆新型农村集体经济发展的深入认知程度仍然不足。另外，组织监管部门的宣传、讲座等活动相对较少，并且没有深入到个体，融资部门也缺乏对新型农村集体经济组织技术方面的指导。这说明了在促进农户参与新疆新型农村集体经济发展方面，仍存在信息传递和渠道建设的不足之处。

7.4　本章小结

　　在对四方博弈进行深入分析的基础上，本章以计划行为理论为指导，运用结构方程模型（SEM）和 Logistic 回归模型对农户参与新疆新型农村集体经济发展的意愿和行为之间的关系进行了验证。通过这一系统性的模型检验，深入剖析了影响农户参与意愿的主要因素，为解决新型农村集体经济发展中的关键问题提供了重要的参考。在 SEM 的框架下，对农户的计划行为进行了全面而深入的理论分析，探讨了其对新疆新型农村集体经济发展的态度、主观规范和知觉行为控制的影响。同时，通过 Logistic 回归模型验证了这些理论因素在实际行为中的作用，进一步确认了其对农户参与意愿的重要性。下文将在前文深度分析的基础上，提炼出本书的主要结论，并就促进新疆新型农村集体经济发展提出具体的对策建议。

第8章　新疆新型农村集体经济发展的典型案例分析

8.1　奇台县新型农村集体发展经济典型案例分析

奇台县半截沟镇腰站子村北距县城 29 公里，南距半截沟镇政府 18 公里。共有户籍人口 443 户、1585 人，常住人口 223 户、535 人。村党总支下设 4 个党支部，共有党员 92 人。近年来，腰站子村党总支立足地理优势和人文资源，持续增强村级组织"造血"功能，不断推动村集体经济发展壮大。2022 年，腰站子村实现集体经济 430 万元、集体资产 1039.3 万元，丰裕农业服务专业合作社及各公司实现一二三产业产值 4.2 亿元，为村民发放分红 680 万元，入股分红率 22%，村民入股分红已连续 12 年达到 20% 以上。

40 年前，腰站子村曾是一片戈壁荒滩，干涸的麦田、荒芜的老井，村集体和个人都穷得叮当响。腰站子村人走过了一段艰苦的奋斗之路，几代腰站子村共产党人团结和带领全村人民不忘初心、奋勇前进，始终坚持党的领导不动摇；始终坚持发展壮大集体经济、走共同富裕和谐发展的道路不动摇；始终坚持思想政治工作领先不动摇，始终坚持多个文明一起抓不动摇；始终坚持改革开放不动摇，使腰站子村取得了翻天覆地的变化，如今，腰站子村成为"亿元村"，已经完成美丽乡村的"蝶变"，成为了一个"村庄秀美、环境优美、生活甜美、社会和美"的宜居、宜业、宜游村庄，正在新起点上绘就更加美好的未来。先后获得全国文明村、全国乡村治理示范村、全国森林样板村、国家级美丽宜居村庄、全国乡村旅游重点村等荣誉称号。不仅如此，腰站子村成功创建为 3A 级景区和州级"研学游"示范点，年接待游客 13 万人次。

深情回眸数十年来所走过的历程，腰站子村人民在全面建成小康社会、实施乡村振兴战略的道路上，紧紧围绕"产业兴旺、生态宜居、乡风文明、治理有效、生活富裕"五个方面进行了艰辛的探索，牢牢地啃住"党建引领壮大集体经济，全面发展助力乡村振兴"的总思路，使腰站子村在新时代迈出了新的步伐。

8.1.1　强化基层组织建设，夯实乡村振兴战略的政治基础

实践证明要实施乡村振兴战略，没有坚强的党组织做保障不行，没有一心一意为老百姓谋事创业的好班子不行，没有一个心里装着老百姓的好的带头人也不行。配强组织力量，为集体经济注入动力源。腰站子村多措并举"强"班子能手、优秀年轻党员等农村实用人才进入"两委"班子，实现党员全覆盖，组建了一支听党指挥、素质好、能力强、观念新、视野宽的领导班子。拓宽渠道"储"人才。将表现优秀的外出务工返乡人员、毕业返乡大学生、退役军人纳入村级后备力量队伍进行培养和管理，通过季度考核、半年考察、年度定等的方式，将综合能力优、服务意识强的人员纳入"两委"班子后备库，共同参与到基层党建、乡村振兴、环境整治等重点工作中。同时，成立了奇台县腰站子乡村振兴学校，建立培训教学室、会议讨论室、餐饮休息室等功能齐全的实训基地，为培养一批乡村振兴人才提供了基础支撑。党群一心"优"环境。腰站子村始终高标准规划，一张蓝图绘到底，从 2008 年开始中心村建设，实现集中居住，实

施村庄绿化美化、道路硬化亮化、房屋改造升级、防护林标准化建设、集中供暖供水排水、垃圾集中处理、建设污水处理等一批生态建设工程，村庄绿化率达42%。全村常住人口95%的居民已搬迁到中心村集中居住，逐步实现了"村庄秀美、环境优美、生活甜美、社会和美的宜居、宜业、宜游乡村"。

8.1.2　盘活村级资源，助力集体经济"强筋壮骨"

产权改革保收。腰站子村按照"归属清晰、权能完整、流转顺畅、保护严格"的总体要求，成立腰站子村股份经济合作社，依托"四议两公开"议事制度，全面开展清产核资，核实资金132.92万元，资产5969.99万元，同时将集体各类资产确权到人、拓权赋能，采取三榜定案的方式确认1918名成员，折股1918份。重组资源增收。通过实施土地整理和土地确权，将多出的1920亩土地纳入村集体土地，并整合原有集体土地3180亩，使腰站子村机动地面积达到5100亩，并全部流转至奇台县丰裕农业服务专业合作社进行经营管理，集体收入增至129万元/年。结合宅基地制度改革，盘活村庄闲置宅基地潜在市场价值，将六组老居民点租用建设滴灌带厂，每亩租赁费1.2万元，两家企业向腰站子村股份经济合作社交纳8万元发展壮大集体经济基础设施配套费。2021年12月，新疆首宗集体经营性建设用地出让项目落地腰站子村。腰站子村的86.83亩宅基地腾退后，经过整理转变为集体经营性建设用地，并依托于昌吉州产权交易平台公开出让，出让金额286.5万元，盘活了腰站子村的空闲宅基地，为乡村产业发展提供了用地保障与资金保障，所得收益按比例进行分红。借助区、州发展壮大集体经济"东风"，争取首批示范村项目，修建了5座1000吨库容的立筒钢板仓，长期租赁给丰裕农业服务专业合作社使用，村集体收入渠道持续拓宽。合作共赢拓收。

2021年，腰站子村股份经济合作社和奇台县丰裕农业专业合作社共同注册成立腰站子实业集团，腰站子村股份合作社以村集体资产入股，分红占比为30%；奇台县丰裕农业服务专业合作社以经营资产入股，分红占比为 70%。通过合作经营，释放了集体资产经济潜能，走上了现代化企业发展之路，以股份入股集团分红的形式获取稳定的经营收入。

8.1.3　强化产业兴旺的核心主体，夯实乡村振兴战略的经济基础

腰站子村因地制宜发展特色产业，大力推动一二三产业融合发展，不断延伸产业链、打造供应链、提升价值链，大力实施有机农产品提质增效工程。

稳一产筑牢发展"压舱石"。2009 年 2 月，腰站子村成立了以"村党总支+合作社+党员群众"的三位一体奇台县丰裕农业服务专业合作社，通过流转土地扩大种植规模，全面推行飞防、北斗导航、精量播种、水肥一体化等节本增效新技术，目前丰裕农业服务专业合作社累计流转土地面积达 18 万亩，种植有机农作物 1.5 万亩。应用普及率达 90% 以上，机械化连片种植率达 95%，良种普及率达 100%。种植区域延伸至阿勒泰、巴州等地。2021 年，春小麦新春 46 号最高亩产达 708.5 公斤，刷新全疆春小麦亩产纪录；在冬小麦连片种植中，丰裕农业服务专业合作社连片 800 亩冬小麦亩产达 706 公斤，突破了冬小麦优质不高产、高产不优质的瓶颈，稳步提高了粮食综合生产能力，实现了提质增效。第一产业产值达 2.7 亿元。

优二产打造产业新高地。2017 年腰站子村成立奇台县丰裕合作社全资子公司新疆丰驿农业发展有限公司，打造集种植、加工、销售于一体的有机农产品加工基地，着手构建"从田间到餐桌"的完整产业链条，打造经济发展新引擎。先后推出 40 余种"腰站子"面粉、挂面、食用油等绿色、有机农产品品牌，获得中国、欧盟、美国、日本认证，腰站子面粉系列和食用油系列有两大类 8 个产品入选全国"名特优新"名录。为扩大市场需求，2020 年投资 5000 万元，建成年产 1500 吨手工挂面自动化流水生产线和日加工原粮 220 吨全自动小麦面粉生产线，目前有机手工拉面厂日产 3 吨，面粉厂日加工原粮可达 220 吨。丰驿农业公司先后与青岛海丰驿公司、杭州三叉戟数字营销（杭州）有限公司分别成立新疆丰驿

食品公司、腰站子品牌管理（杭州）有限公司，通过"线上+线下"产品销售模式，2021 年第二产业实现产值 4000 万元。近年来，腰站子村推出"腰站子"品牌有机面粉、手工拉面、食用油、小杂粮等 40 余种绿色有机农产品；腰站子有机基地和产品同时获得中国、欧盟、美国、日本有机认证；腰站子面粉系列和食用油系列中两大类 8 个产品入选全国名特优新农产品名录，"腰站子"有机绿色农产品凭借优良的品质从鲜为人知到崭露头角。2023 年启动了有机产业园二期项目，新建 3000 平方米手工拉面晾晒车间与 2500 平方米包装车间，推进有机农产品向精深加工迈进。该公司还打造了腰站子电商品牌管理运营中心，挖掘培养本土人才，促进"腰站子"品牌多元化发展。

活三产做好融合大文章。近年来，腰站子村积极探索乡村振兴之路，以"特"为先、以"文"为魂、以"旅"为径，实现了文化内涵与经济产业相共生，自然风光与人文景观相映衬，第三产业发展与农业增收相融合。2019 年，在村党组织推动下，成立新疆丰驿文化旅游发展有限公司，在奇台、乌昌、准东等地设立 4 家"腰站子"面馆连锁经营门店，腰站子投资 2500 多万元建成小麦博物馆、乡村振兴实训基地、麦田公园、特色乡宿等，带动近 50 余户村民将闲置房屋改造升级，用于接待，实行"统一管理、分散经营"的管理运行模式，保证服务质量，并随着腰站子 3A 级景区的创建，腰站子特色休闲农业的知名度进一步提升，目前年接待能力可达 6 万人次，2021 年第三产业产值达 1000 万元。不断提升市场竞争力。在全疆开办了 5 家"腰站子"面馆连锁经营门店，年销售额达 1500 万元，成功创建为 3A 级景区和州级"研学游"示范点，年接待游客量达 6 万人次。

实现共同富裕。自腰站子村丰裕农业服务专业合作社和半截沟镇腰站子村股份经济合作社成立后，村民收入由以前单一的种植收入变为"土地流转费+土地流转入股分红+丰驿文旅公司资金入股分红+村集体经济分红+民宿收益+劳动力转移收入"六项收入，2021 年丰裕合作社及公司实现产值 3.2 亿元，共发放分红 1020 万元，户均 2.3 万元，人均 6480 元。

村民入股分红已连续 11 年达到入股股金的 20% 以上，累计分红 3800 多万元，户均 8.58 万元，人均 2.41 万元，人均实现务工收入 2.075 万元。村民年收入最高可达 20 余万元，实现了共同富裕。实现稳就业惠民生。先后利用集体配套资金实施了污水处理池、暖气入户工程、游客服务中心等项目，乡村风貌得到有效改善，人民福祉生活不断改善。目前，丰裕合作社、股份经济合作社及公司，为本村和周边 255 名村民提供了长期、短期岗位 2160 人次，不仅解决了村民就近就业问题，而且成为村民增收致富的重要依靠。同时，丰裕合作社也为村委会提供公益发展资金累计达712 万元。2022 年初，腰站子村制定并实施《腰站子村社会激励及福利制度》，对村民大病、子女就学、老有所乐、就业创业等方面给予一定的福利和激励，截至目前发放社会福利、激励资金累计 15 余万元，切实增强农民获得感、幸福感、安全感。

8.2　博湖县新型农村集体经济发展典型案例分析

博湖县是新疆巴音郭楞蒙古自治州下辖县，位于新疆维吾尔自治区中部，天山南麓，焉耆盆地东南部，开都河下游，博斯腾湖西岸，东北与和硕县交界，西北与焉耆县毗邻，西南与库尔勒市接壤，南与尉犁县相连。自 2018 年以来，博湖县先后承担自治区级和国家级农村集体产权制度改革整县试点任务，认真贯彻落实中央、自治区、自治州各项改革决策部署，坚持强化组织领导、开展先行试点、紧抓关键环节、推进制度创新、注重提高质量，规范有序推进改革，取得了积极进展和初步成效。

8.2.1　坚持建强队伍，凝聚发展合力

实施"双培工程"，注重把致富能手、退役军人、务工返乡等优秀人

才吸纳到村干部队伍中，选优配强村党支部书记 25 名，配齐配强村干部 275 名。用好"选育带用管"全链条工作机制，落实"四个一批"储备措施，选优育强、管住用好 124 名村级后备干部，将 18 名年轻干部进行重点培养，为发展壮大村集体经济提供人才保障。按照"缺什么补什么"的原则，推荐 18 名优秀村干部参加上级党校举办的示范培训班，分 3 批组织 90 名村（社区）干部赴秦皇岛具有典型指导意义的乡村振兴示范点围绕乡村治理、产业发展、带领群众致富等开展现场教学、学习取经，不断提高村干部综合素质和服务能力。

8.2.2　多措并举，开拓壮大村集体经济新途径

规范村级"三资"管理。一是健全管理制度。严格执行村级民主管理、财务管理和村务财务公开制度，将村级资金支出、资产管理、资源出租及开发等事项纳入"四议两公开"议事范畴，每季度向党员群众公开村级集体资金收支、资产管理和资源出租、开发利用等情况，确保"三资"管理使用透明。二是规范发包合同。县农经部门要负责规范村级集体经济项目发包程序，集体经济项目发包期原则上不得超过 3 年，前期投入时间长、见效慢的项目发包期最长不得超过 5 年。三是预留发展资金。坚持科学合理分配村级集体经济收入资金，保留 30% 以上的收入作为滚动发展资金，确保村级集体经济持续健康发展。

加大财政扶持力度。继续用好自治区、自治州发展壮大村级集体经济扶持资金，县财政按照每年 100 万元的标准用于补贴集体经济薄弱村，支持村级集体经济发展。健全完善村干部创业容错机制，选择部分集体经济薄弱村为发展壮大村集体经济试点村，鼓励试点村充分利用政策支持，积极探索村级集体经济发展的有效模式。通过先行先试，总结和提炼出适合可复制、可推广的经验，走出适应不同经济资源和市场条件的新型集体经济发展道路。各相关部门用于支持农业农村发展的项目和资金，向发展壮大村级集体经济方面倾斜，统筹安排、捆绑实施。

突出多元发展，探索公司化实体运营新模式。为切实解决农村集体经

济薄弱、发展思路不清等突出问题，牢固树立解放思想、敢为人先的理念，组建成立实体化运营公司，积极探索"集体经济组织+"工作机制，积极拓宽经营范围，收到了良好的经营效益。一是健全组织机构。注册资金 700 万元，组建成立了国有控股、村集体参股的博湖县恒骥农业发展有限公司，将全县 25 个村股份经济合作社全部吸纳为公司股东，按照现代企业制度市场化运行。精心选派 1 名乡镇科级干部担任公司董事长、兼任总经理，推选董事会、监事会及董事、董事长。从全县选派了 8 名懂经营、会管理的年轻干部充实到公司，下设行政人事、项目投资、生产运营、财务管理 4 个办公室，制定相关制度，实现了企业化运营。二是县委大力扶持。县委高度重视博湖县恒骥农业发展有限公司实体化运营，坚持"扶上马送一程"，充分考虑市场风险，在项目投资、政策扶持等方面给予适当倾斜、照顾，多次召集发改、财政、住建、水利等部门负责人召开专题会议，协调研究经营项目，尽最大可能入股参股效益好、回报稳定的国有企业，采取多种形式，力争实现实体公司获利、股份经济合作社分红、社员股东增收的目的。三是扩大经营范围。公司积极探索多种经营的发展路子，将经营范围拓展至农、林、牧、渔产品批发、零售以及建筑工程、水利工程、市政工程、旅游等多个领域。承接部分乡镇水利设施维修、煤炭储备、市政工程项目、景区摊位经营，购置无人售货机，提高经营收益。实体化运营公司成立以来，打破了乡镇、村域界限，改变了以往"单打独斗"的局面，把辖区各村力量拧成了一股绳，实现"抱团式"发展，走出一条村集体、村民多方受益的乡村振兴新路子。四是及时还利于村。严格按照现代企业管理制度相关规定，每年定期委托会计师事务所对公司实施项目的计划、概算、预算、决算进行财务审计，确保公司资产、资金的完整性和安全性。经审计，2021 年公司营业收入 600.6 万元，净利润总额 82.89 万元。按照 40% 用于公司滚动发展、60% 用于村股东分红的约定，博湖县恒骥农业发展有限公司可向 21 个村股东分红 49.73 万元，其中最高的村分红 9 万元，极大地调动了各村股份经济合作社的信心，收到了较好的社会效益。2022 年，博湖县恒骥农业发展有限公司以集体经济增收为目的，不断拓展公司业务，截至目前，经营水利工程项目、垃圾清运项目、沙滩商店项目、储煤项目、投资入股水稳料拌合站、冰滩商店项目、燕博形象店项目、蔬菜配送 8 个项目。博湖县 25 个村集体经济组织与恒骥农业发展有限公司开展合作经营，在壮大集体经济方面进行了积极有效的探索，并初见成效。2022 年公司总利润预计可达 100 万元以上，同比增长了 30%，预计可为全县 25 个村股份经济合作社分红 70 万元以上。

统筹部署推进。一是各乡镇立足实际，对各村具体情况进行逐一分析，综合考虑农区村、牧业村、资源富集村、资源贫瘠村等不同情况，统筹安排、整体推进村级集体经济发展。二是各行政村充分征求村民意见，按照"一村一品""一村方案"的要求，制定村发展壮大集体经济近期规划、年度计划，落实各项措施，推进增收。三是县农业农村局加强具体指导，加强对惠农政策、专业合作社和土地流转等具体问题的探索和研究，及时提出解决办法和应对措施，做好集体经济收入的核算、管理和监督。四是县财政局落实扶持资金，加强扶持资金使用情况的监管。五是县经信局、市场监督管理局对村集体经济实体建设和运转强化指导和服务，开通绿色通道。六是对于村级组织确定的集体经济发展项目投资超过 10 万元的，广泛征求农牧民群众意见，经县委组织部、发展改革委、财政局、经信委、农业农村局等相关部门论证评估后组织实施。

试点推行村级供销合作社发展模式。博湖县将边探索、边完善，积极稳妥地推进村级供销合作社建设，全力实现农民群众得到最大实惠、村集体经济发展壮大、供销合作社高质量发展的多方共赢目标。把供销合作社的组织延伸到村，与农民实现组织上的融合，使集体经济组织能够有一个有效的经营平台，是供销合作社发挥作用、巩固党在农村执政基础的有效途径。博湖县牢牢牵住党建引领这个"牛鼻子"，积极探索推动供销合作社与村（社区）党组织共建服务平台、共办合作联社、共上发展项目、共育人才队伍、共享发展成果，形成乡镇党委引领、村（社区）党组织推动、村级供销合作社党小组实施的"三位一体"发展格局，确保村级集体经济持续健康发展、基层群众得到最大实惠、基层党组织组织力凝聚力得到增强。"建立以县恒骥农业发展公司实体运营兜底、村级供销合作社发展'快跑'、村级股份经济合作社优化推进等多种村集体经济发展模式并存的新业态，推动村级集体经济高质量发展，让基层党组织的腰杆更硬、群众的口袋更鼓。"在试点过程中，博斯腾湖乡以党建为引领，采取"党建+供销合作社+经纪能人+种植大户"的"1+3"模式，推动形成村社联合、资源整合、要素融合的"三农"综合服务体系，畅通农村生产生活服务渠道，实现便民服务"两端畅"、农业供销"两头旺"。目前，博湖县已形成了由县供销合作社具体推动，县农业农村局、财政局、市场监督管理局等联合助力、全方位服务的发展环境，改变了以往村级集体经济组织单打独斗的局面。

8.2.3　强化监督管理，确保工作成效

加强组织领导。积极整合县委组织部、发展改革委、经信委、财政局、人社局、民政部等部门力量，合力推进村级集体经济发展。乡镇成立发展壮大村级集体经济工作领导小组，由乡镇党委书记任组长，乡镇长、分管党建工作副书记任副组长，形成一级抓一级、层层抓落实的工作格局。

强化督查考核。把发展壮大村级集体经济作为考核乡镇工作的重点指标，加强监督检查和绩效评估。各乡镇结合发展壮大村级集体经济规划、计划，制定本乡镇发展壮大村级集体经济工作绩效考评办法或细则，县委组织部每年末对各乡镇当年发展壮大村级集体经济工作完成情况进行重点考核。实行发展壮大村级集体经济报告制度，每年初，由乡镇党委向县委报告辖区各村的发展壮大集体经济计划，每半年报告推进情况，年底报告收入及管理使用情况。

健全奖惩机制。各村可在当年村级集体经济经营性收入增收部分中，提取10%奖励资金，经乡镇党委审批同意，对发展壮大村集体经济有突出贡献的基层干部进行奖励；对发展村集体经济作出突出贡献的村党组织书记，由乡镇党委、县委组织部推荐，在选拔进入乡镇领导班子或考录

（招聘）乡镇公务员、事业单位工作人员时予以优先考虑。对发展壮大村级集体经济不重视、目标任务未完成的村，适度扣减村"两委"班子成员的绩效报酬，由县委组织部对乡镇主要领导、村第一书记以及包联单位的县直部门单位主要领导进行组织约谈，限期整改。

8.3　鄯善县新型农村集体经济发展典型案例分析

近年来，鄯善县坚持稳中求进工作总基调，结合农村优势，挖掘潜力，促进农民增收致富为目标，以深化农村集体产权制度改革为契机，有的放矢地解决问题，不断创新发展，不断开辟村级集体经济发展新路径，加快建立符合市场经济要求的集体经济运行新机制，努力实现农业提质增效、工业创新发展，使农村集体经济走向特色化、产业化的道路，让集体经济发展成果惠及集体经济组织全体成员，带动实现农村共同富裕。截至2022年底，全县村级集体资产达7.53亿元，村均1032万元，村级经营性收入总额2170万元，村均30万元。

8.3.1　探索集体经济发展新路径

一是资产租赁型。山北和连木沁镇、鲁克沁镇部分区位条件较好的村（社区）通过兴建标准化厂房、劳务市场、农贸市场、商业店铺、仓储设施等物业项目对外出租，为村集体提供持续稳定的租金收入，走出一条收益稳、风险小的经营路子。辟展镇乔克塔木村集体建成标准化食品加工厂房600余平方米，年租金超过4万元，目前主产的列巴已进驻各大商超，据调查，销量稳居其他列巴之首。二是土地租赁型。鲁克沁镇等土地资源较为丰富的村，通过土地入股或流转等方式，统一投资改造农田水利基础设施，依靠提升农业规模化、集约化和现代化水平增加集体收入。目前，仅沙坎村就流转土地 6000 余亩，主要用于西甜瓜种植和温室大棚种植，村集体年收入 100 余万元。三是农业开发型。如辟展镇乔克塔木村充分利用地域资源优势，依托城郊融合发展"休闲游、健身游、体验游"，大力推进"民俗、民宿、民族团结"，修建高端民宿 2200 平方米、生态停车场 3600 平方米，总投资达 600 余万元，预计年收益 20 余万元，拓宽村集体经济收入来源和提高农民收入。根据"因地制宜、合理规划、正确引导、加强管理"等方针，实施可持续发展战略以"绿色殡葬、生态殡葬"为目标，2023 年鲁克沁沙坎村计划投资 100 万元建设的公益性公墓项目。目前项目已完成可行性报告，项目完成后，将极大地改善生态环境的承载力。四是企业股份型。集体经济组织整合利用集体积累资金、政府帮扶资金等，通过入股或者参股农业产业化龙头企业、村企联手共建等形式，以企带村，以村促企，实现互利共赢。达浪坎乡友邦合作社通过农户土地入股、流转、务工等方式，农户年均可增收万余元。五是联合发展型。鄯善县计划以鲁克沁镇为主体，组建山南镇级集体经济联合发展载体，联合开发创新创业西甜瓜种植、科学养殖等平台；以连木沁为主体，组建山北葡萄干加工产业链，实现集技术、生产、加工、收购、销售于一体，引导村级集体经济组织通过抱团、联合、异地发展，实现资源共享、优势互补。

8.3.2　创新集体经济发展新机制

一是探索市场导向的改革机制。以全国农村集体产权制度改革整区推进试点省份为契机，深化股份合作制改革，大力推进农村产权交易市场建设，促进集体资产保值增值。目前，全县 72 个村全部完成股份合作制改革，农村产权交易市场将实现县级平台全覆盖。二是建立公平合理的分配机制。各乡镇、村要结合自身实际，按照尊重历史、照顾现实、程序规范、群众认可原则，综合考虑承包地面积、家庭人口、劳动积累贡献等因素，因地制宜设置人口股、家庭股、土地股等多种股份，既保证了公正公平，又适度体现出贡献差距。目前，全县共折股量化资产 5348 万元。三是完善规范高效的监管机制。通过逐步扩大"阳光行动"试点范围，深入实施村级资金管理非现金结算，积极开展村级财务会计核算第三方代理试点等举措，从制度、技术、组织三方面打造集体资产监管新模式。四是健全形式多样的扶持机制。2019~2021 年中央和省级财政共安排 300 万元资金，支持 6 个村建设集体经济发展项目，增强村集体内生发展动力。支持集体经济做大做强。已出台《吐鲁番市农村集体资金资产资源管理办法》，为集体产权制度改革和集体经济发展中农村"三资"管理提供了管理依据。

8.3.3 强化措施保障

第一，持续深化农村"三变"改革。一是要推进农村集体经济组织成员身份确认，在明确产权主体中探索推进股权市场化运作。鼓励村集体将闲置资产转化为经营性资产，使其在市场投资中持续保值增值。在土地确权登记的基础上，建立健全农村土地经营权流转交易市场体系，进一步加强和规范农村土地经营权流转。二是要创新股权管理模式。鼓励农村集体经济探索实行"量化到人、固化到户、户内共享"的股权静态管理模式，并建立健全股东大会、理事会、监事会"三会"管理制度。引导农民以技术、资金、土地、设备等自愿入股，推动资源变资产，让农民做股东。三是要实施更广泛的集体联结机制。鼓励村与村突破区域范围，建立健全村级抱团联合发展机制，共建项目、共谋发展，实现优势聚集、合作经营、利益共享。

第二，加强农村基层组织建设。理论和实践表明，只有依靠农村基层党组织的领导作用，才能发展壮大农村集体经济，实现产业兴旺，确保在共同富裕道路上没有农户被遗漏，为最终实现农村共同富裕奠定坚实基础。一是要巩固农村基层党组织的领导地位，切实加强对村集体经济组织的领导，有效利用各种资源、资产、资金，推动发展壮大集体经济，从而实现产业兴旺、生活富裕、乡风文明、治理有效和生态宜居的总要求。因此，要把党的全面领导贯穿于发展壮大新型农村集体经济全过程中，全面提升农村党组织领导力、组织力、号召力、执行力，让党建真正落在事实上，把农村党员培养成带富能手，把致富能人培养成党员，用组织振兴的力量把农村集体经济发展和推进共同富裕的方方面面融为一体。二是充分发挥基层党组织的政治优势和组织优势，不断激发干部群众的集体意识和互助意识，对壮大集体经济中涌现出的"有功之士"给予相应的奖励，让村级组织把主要精力放在发展集体经济和增加群众收入上来。

第三，完善农村人才培养机制。发展新型农村集体经济，关键在人才。农业农村人才是强农兴农的根本，建设现代农业，首要的是解决好人的问题。一是要创新人才引进培育机制。结合乡村人才振兴工作，加强农村集体经济组织带头人的引进和培养，切实提升带头人能力素质。鼓励外来高校毕业生、退役军人、城市离退休人员等各类人才回乡创业，牵头领办集体经济项目，带动村级经济发展。二是要创新人才服务保障机制。要以乡情感召、政策吸引、事业凝聚，推进财政、金融、社保政策创新。不断改进人才培养制度，培养为本地经济发展的定向专业人才，对于已毕业的优秀大学生加大奖励制度，鼓励其回乡就业创业，从而带动村集体经济的发展。三是要着力培养农村集体经济的带头人。从实践来看，集体经济强不强，带头人至关重要。应结合乡村人才振兴工作，加强农村集体经济组织带头人的引进和培养，切实提升带头人能力素质，鼓励有条件的地区聘请职业经理人充实带头人队伍。同时，加强新型农村集体经济组织管理人才队伍建设，培养造就一批熟悉市场经济规则、有专业经营管理能力的人才队伍，为新型农村集体经济发展注入新鲜血液。

第四，推进集体经济规范化管理。一是要全面加强农村集体资产管理。建立健全集体资产登记、保管、使用、处置等制度；引入第三方评估机制，对农村集体经营性资产、资源性资产以及债权债务等进行清产核算；在集体资产确权基础上，推动农村产权交易市场规范化建设。二是要落实好农村集体经济组织财务制度。依法依规对农村集体经济运营活动进行管理，确保运行规范、民主高效、公开透明，特别是要落实好民主管理、民主决策、民主监督；加大财务公开力度，完善民主理财；实施重大决策民主决定、重大问题民主评议、日常运营民主审计等。三是要构建工商资本反哺农业的长效机制。健全农村集体与工商资本合作有关制度，在充分尊重农民主体地位、维护农民经济利益基础上，激发资本"积极性"，严防资本走偏带来"负效应"。对参与农村集体经济的工商企业进行资质、运营状况、社会信誉等方面的审查，确保经营活动合法有序、规范高效，防止给集体资产、农民权益造成损失。

第五，加大对发展农村集体经济的扶持力度。政府相关部门要积极为新型农村集体经济的发展提供资金支持。要加强涉农资金的投入，凡是符合国家涉农专项资金规定的农村集体经济组织，要优先予以资金扶持。在减免税费方面，地方政府部门要主动担责，结合传统农村信用社与农村商业银行成立农村社区银行，重点为农村集体经济组织提供信贷服务，主动拓宽有效担保物范围，逐步降低贷款门槛，支持农村集体建设用地使用权、土地承包经营权、村集体资产等质押性信贷服务。在土地政策扶持方面，要减少土地政策约束，强化土地保障力度。政府应积极推动城乡建设用地增减政策与农村集体经济挂钩，单独给农村集体经济预留出部分土地指标，以减轻政府对农村集体经济的土地政策约束。引导农村集体经济组织将合法存量的非农建设用地，以使用权入股、出租等形式和其他所有制经济组织合作，依法举办第二产业、第三产业，以取得固定的土地收益。加大金融支持力度，鼓励各类担保机构到农村开展担保业务，根据农村集体经济发展的融资需求，探索制定新型抵押担保方式。

8.4 塔城地区新型农村集体经济发展典型案例分析

塔城地区认真贯彻落实党的二十大精神，积极发展新型农村集体经济。坚持因地制宜、因村施策，全面巩固提升农村集体产权制度改革成果，截至目前，全地区 801 个村（组）集体经济组织规范运行，探索出资源发包、土地整合、资产参股等多途径新型农村集体经济发展模式。2022 年全地区 407 个村（组）集体经济组织总收入达 50 万元以上，其中 100 万元以上村达 215 个。

8.4.1 充分发挥职能，规范"三资"管理

健全运行机制，发挥主体职能。塔城地区 801 个村（组）集体经济组织"三会"制度健全，共有 336 个村党支部书记兼职村集体经济组织理事长，有 305 个村委员兼任理事长，有 160 个其他成员担任理事长。集体经济组织在村党支部领导和支持下，依照国家法律法规及章程履行职责，采取多措施开展集体资产的运营和管理，理顺集体资产收益分配关系，发展壮大集体经济。目前共有 21 个村集体经济组织依法成立农民专业合作社，5 个村集体经济组织依法设立公司，开展风险较小、收益稳定的经营活动。16 个村集体经济组织自行种植经营村级机动地，增加村集体经济收入，种植面积达 21366 亩。全地区已有 651 个村委会代管的集体资产移交到村集体经济组织。

加强资产管理，规范村级财务。各县（市）健全集体资产登记、保管、使用、处置、清查和定期报告等制度，定期开展资产清查，不断提高集体资产规范化和信息化管理水平。2022 年，清查资产核实数 440404.76 万元，清查负债 66612.74 万元。为规范村级财务管理，在全区范围内推行县（市）建立核算中心，在保障村集体经济组织资产的所有权、使用权、审批权和收益权不变情况下，由村集体经济组织委托核算中心，统一代理记账、会计核算和集中支付，全面推行"村财村管村用乡监督"。目前 6 个县（市）成立农村集体资产核算中心，589 个村（组）已实现集体经济组织账务与村委会账务分离。乡（镇）农经人员从以往村级代理记账转为村级财务事前、事中、事后监督审计，充分地发挥好监督管理职能，规范村级财务。

8.4.2 探索新型集体发展路径，增加集体收入

依托特色优势，发展旅游经济。全地区已有 23 个村集体经济组织依托当地的产业优势和文化底蕴，聚集文创、民宿、餐饮等一系列乡村新业态，引进文创项目和艺术机构，打造独具特色的文创项目产业集群和旅游发展产业。如乌苏市九间楼乡詹家村，2018 年，为保护和传承农耕文化，建设了农耕文化园，2021~2022 年深入发掘村内各类资源，积极争取项目资金 207 万元，村集体经济组织投入资金 80 多万元，依托"农耕文化园"等原有自然资源，积极打造农耕特色小镇、荷花谷景区，建设带状百亩花海公园、空中画廊、户外拓展体验等，现已建成占地 40 亩修建集垂钓、休闲、餐饮于一体的休闲观光景区，大力推进农家乐、民宿发展建设，推行农事体验等多种经营，成立了农耕园商务有限公司，由公司统一经营，采取"党支部+股份合作社+公司"的方式发展壮大集体经济。2023 年，企业、集体经济组织共发展的目标，实现了一二三产业融合的发展模式。裕民县借助 G219 优势和山花节品牌优势，在江格斯乡江格斯村打造 20 世纪七八十年代印象体验园，并通过"年代体验+真情回忆+愉快消费"的模式，推动文化效益与经济效益完美结合，实现了旅游收益、游客满意、村集体增收、群众受益。

多种措施并举，实现土地增值。塔城地区 801 个集体经济组织中，有 90%以上的村集体经营收益来自土地发包收入，有经营收入的村仅占 5%左右，为了增加集体收入，各村依据实际，采取改善基础设施、土地整合、自营机动地等方式提高土地价值。如托里县库普乡苏吾尔村利用项目资金，通过安装滴灌，不但提升了基础设施建设，更增加了土地承包价格，带动土地发包价格上涨 4 万元；沙湾市大泉乡东泉村股份经济合作社 2021 年投入 80 多万元整合土地，整合出两大块机动地，共计 4300 亩，其中 2650 亩来自成员二轮土地承包的其他承包方式的零星地，经"四议两公开"程序此地发包收益用于成员分红，1650 亩发包收益用于发展壮大村集体经济。2022 年机动发包收入达 400 万元，较整合前发包收入增

加 330 万元；塔城市也门勒乡四工村股份经济合作社将以往发包到期的 2000 亩（其中 1000 多亩是用于新生儿分配）集体机动收回经营，同时托管了本村低收入户及一些外出务工户土地 1425 亩，每亩仅收取 30 元托管费，村集体聘用村内两名种植能手统一经营和管理，"理事会"成员对经营过程全程监督。2022 年，托管地户均亩增收 200 余元，新生儿分配每人亩分配资金 700 元，村集体收入由以往每年 20 多万元增至 40 多万元。

盘活集体资产，发展实体经济。坚持因地制宜、因村施策，把培育和发展农民合作社、专业服务公司与发展村集体经济结合起来，不断创新符合自身特色、具有地方特点的集体经济发展模式和实现形式。如乌苏市头台乡汪家庄子村股份经济合作社采取"村党支部+村股份经济合作社+企业"的模式，与新疆钵施然智能农机股份有限公司签订合约，以 118 万元和 218 万元免息赊置采棉机两台，分三年期还款。采棉机由股份经济合作社专人负责管理经营，在棉花采收期优先采收本集体经济组织成员，且每亩采收费用比市场价低 10 元，让成员直接受益。2022 年采摘棉花 5400 余亩，经营收入达 113.5 万元以上，实现收益 50 万元，此管理模式不仅解决了群众采棉难的问题，还增加了村集体经济组织收入，逐步形成"农民得增收、企业得发展、集体得收益"的多赢局面；沙湾市四道河子镇下八户村采取"党支部+村股份经济合作社+合作社"模式，将成员和集体机动地 7930 亩入股到本村 2017 年成立的沙湾四道河子镇众兴合力种植农民专业合作社，由合作社统一经营管理，按照股份从土地经营收益中获得分红。2021 年成员每亩从合作社分红 2700 元，集体经济组织 2800 亩机动地共分红 560 万元。2021 年下八户村集体经济组织为成员分红 79.3 万元，成员人均分红 760 元。走出了一条"土地变股权，农民当股东，有地不种地，收益靠分红"的共赢制合作发展道路。

联合抱团取暖，拓展"造血"功能。积极引导资源较为匮乏、无成熟项目、发展力量薄弱、"造血"功能贫乏的村联合，有资金的出资金，有资产的出资产、有资源的出资源抱团发展，实现资金、资产、资源互补，共同带动集体经济发展。如沙湾市东湾镇地处山区，下设 20 个村

（组）集体经济组织经济薄弱。为有效破解这一难题，东湾镇顺乘深化农村集体产权制度改革大势，紧扣乡村振兴战略目标，结合实际、市场调研、综合分析，在东湾镇党委、政府的指导下，20个村集体经济组织以资金入股，于2022年12月14日注册成立沙湾市鑫福盛达商贸有限公司，注册资金500万元，各村集体经济组织占股比例为5%，按占股比例承担风险和享受收益分配。20个村集体经济组织探索"抱团发展"模式，促进融合发展、共同发展、快速发展、打造标杆示范，为沙湾市乡村振兴走出一条新路径。预计2023年可实现销售收入300万元，为每个村集体增加收入2万元。

入股合作发展，增强经济实力。塔城地区各县市、乡镇积极指导集体经济组织通过项目资金、土地等入股到当地收益稳定、经营较好的企业、合作社，实现增收。乌苏市八十四户乡其格勒克村2020年4月成立村肉鸽养殖合作社，按照"龙头企业+合作社+农户"的模式运行，2021年村级用14亩建设用地入股，合作社申请到160万元肉鸽养殖项目，新建鸽舍900平方米，可养3000余对种鸽，村股份经济合作社与乌苏市欣新禽类饲养农民专业合作社达成协议，每年给村集体股份经济合作社分红不低于12.8万元；沙湾市柳毛湾镇皇渠新村王家庄小组按集体出资金、农户出土地折价方式入股，筹集资金345万元，成立了金菜篮有限公司。2015年将征地补偿款以公司名义入股柳毛湾镇华腾热力公司，华腾热力公司每年以不低于本金10‰的利率给金菜篮有限公司分红，每年净增加集体收入达29.2万元。

激活交易市场，带动集体增收。2022年，塔城地区已建立并正常运行交易市场7个，全面履行农村产权交易各项服务职能，为各类农村产权交易提供场所设施、信息发布、组织交易、价款结算、流转登记、抵押登记、融资对接等配套服务，对交易行为进行鉴证。截至目前，各级产权交易中心组织开展土地流转公开交易259宗，涉及面积5.3万亩，交易金额5433万元，实现经营权抵押融资贷款925万元，带动集体经济收入增加1000余万元。乌苏市产权交易中心积极引导各村集体经济组织结合农村土地不同地域、不同地类、不同作物及农产品市场近三年的平均价格等因素，科学给予限价，降低了农业种植风险，使农村土地合法有序流转和发包。

8.5　本章小结

本章主要是对新疆新型农村集体经济发展的典型案例进行分析，分析其各自通过发展新型农村集体经济取得的成效及其如何发展的过程，典型案例主要包含了奇台县半截沟镇腰站子村发展新型农村集体经济、博湖县发展壮大村级集体经济、塔城地区发展新型农村集体经济以及鄯善县探索农村集体经济，这四个新型农村集体经济的发展模式都具有自身的独特优势以及对应的管理模式。

第9章 研究结论、提升路径与研究展望

9.1 研究结论

第一，根据新疆新型农村集体经济发展的现状分析可知，一是新型农村集体经济经历了四个历史发展阶段，分别是萌芽阶段、形成阶段、突破阶段、拓展阶段。二是中国新型农村集体经济发展也取得了一定的成效，为全国其他区域根据自身资源禀赋特征进一步完善带来了机遇，由此新疆根据自身优势在新型农村集体经济发展方面也取得了一定成效，如农村集体产权制度改革全面完成、典型经验不断涌现，农村集体"三资"管理机制更加健全、运行更加规范，农村集体经济财政投入显著增强、探索途径日趋多元，健全奖惩机制，考核激励驱动，树立鲜明导向，加强实施监管新疆各地坚持规划先行，因村制宜，审慎确定扶持对象等主要成效。三是分析了新疆新型农村集体经济的主要模式，其主要模式包含资源开发模式、资产盘活模式、土地运营模式、实体带动模式、项目带动模式以及股份合作模式。四是发展新型农村集体经济产生的效益。其中经济效益有村集体"家底"增厚助力低收入户增收，农村经济水平提升，村集体经济

实力显著增强。社会效益有乡村治理更加有序。

第二，根据新疆新型农村集体经济发展面临的现实问题分析可知，虽然新疆新型农村集体经济发展取得了一定的效益，但随着社会变迁，其发展也不断面临新的问题，现阶段新疆新型农村集体经济发展最突出的问题主要有：创新发展的动力不足，发展集体经济的经营人才不够优，政策体系尚不健全，农村集体经济组织运行管理不规范，农村集体"三资"监管手段水平不高，农村资产财产功能未有效发挥，收益分配不合理，集体经济参与主体松散，难以形成组织化经营管理，农村资源固化，生产效率较低，农业产业化程度低，内生合力不足，资源禀赋与区域发展模式失衡，投入产出效益低，农户参与度不足，获得感与幸福感低，执行准则不明确，资产缺乏有效监管等问题。

第三，根据新疆新型农村经济多元参与主体的演化博弈及其仿真分析可知，新疆新型农村集体经济多元参与的主体最终能够朝着（1，1，1，1）的均衡点进行演化，最终实现地方政府、涉农企业、新型农村集体经济组织和农户四方主体选择合作的目的。但根据各自效益最大化，通过演化博弈模型不同参数的仿真分析，不同参数对不同主体的参与行为演化存在差异，即敏感性不同。具体来看，增加地方政府对涉农企业、新型农村集体经济组织和农户的补贴可激励它们更倾向于采取积极策略，提高其积极性。然而，随着补贴水平的提高，对积极策略选择的促进效果呈现边际递减趋势。当补贴达到一定程度时，其影响逐渐减弱，表现为地方政府选择积极策略的概率降低速度放缓。此外，地方政府的执行力度、新型农村集体经济组织的参与程度以及涉农企业和新型农村集体经济组织的收益系数等因素也会影响农村经济发展。提高监管力度和参与程度可加快涉农企业选择参与策略的速度，有利于系统向理想状态演化。因此，在新疆新型农村集体经济发展过程中，各方之间的博弈关系不仅取决于政策补贴的力度，还受到执行力度和参与程度等因素的影响，有助于制定更加符合实际情况的政策，促进农村经济的可持续发展和稳定增长。

第四，根据影响新疆农户参与新型农村集体经济行为意愿的影响因素实证分析可知，农户家庭生产经营状况对其参与新疆新型农村集体经济发展的意愿产生着重要影响。农业生产规模的增长促进了参与意愿，而非务农收入的增加则减弱了参与意愿。农户对融资认知度的提升也对参与意愿产生显著影响。农户对新疆新型农村集体经济发展的了解程度越高，越容易参与其中；参与成本越低，参与意愿越强；合作组织越多，也会正向影响参与意愿。这些发现为农村发展战略的制定和新型农村集体经济发展模式的设计提供了重要的参考，强调了对不同类型农户的差异化策略的需求。

第五，根据对新疆新型农村集体经济的典型案例分析可知，新疆新型农村集体经济发展得比较好的有奇台县半截沟镇腰站子村发展新型农村集体经济、博湖县发展壮大村级集体经济、塔城地区发展新型农村集体经济以及鄯善县探索农村集体经济发展这几个地区的新型农村集体经济发展水平较高，得益于各自的资源禀赋和管理水平，且各自具有相互借鉴的优势，也具有推广的普适意义和价值。

9.2　提升路径

9.2.1　优化顶层设计，构建党建引领的统筹带动机制

将发展新型农村集体经济视为全面推进乡村振兴和提升基层治理能力的关键举措。将其纳入新疆经济社会发展总体规划，高效推进。规划制定阶段，制定并出台相关文件，以推动县、乡、村逐级推进策略。建立"县总规、乡规划、村计划"模式，加强集体经济发展规划，实施"三个一批"分类推进实施，确保强镇富村公司以镇村集体为主要股东，包括"经济联合总社+辖区内所有村级经济联合社持股""镇属企业+辖区内所有村级经济联合社持股""辖区内所有村级经济联合社持股"三种模式。

从责任、机制、工作、政策、保障 5 个方面提出具体政策，以优化村级集体经济发展的政策环境，保障村集体收益分配权，按照公司章程规定的利润分红比例进行分配，鼓励向村集体经济收入薄弱的村倾斜。在规范村集体发起设立方面，要维护村集体的权益，确保其参与权、知情权和监督权。市级层面明确各级各部门的职责任务，组织部门主导组织、制定制度、培养人才，农业农村部门负责规划、政策、示范，财政、金融等相关部门各司其职，形成全市抓集体经济的合力。规定强镇富村公司的设立必须经过村级代表大会表决通过，保障村集体的参与权、知情权和监督权。强制将公司的生产经营情况及形成的资源资产纳入"三资"监管范围，按照监管要求进行严格监管，接受纪检和审计监督，保障村集体权益不受非法侵犯。

9.2.2　积极探索发展壮大集体经济

一是把发展壮大村级集体经济纳入县域经济发展布局、统一谋划发展，积极探索农村产业发展新模式，发挥自治区和援疆项目示范引领作用，因地制宜储备集体经济项目，增强基层组织造血功能。鼓励村党组织领办合作社，充分发挥党的政治优势和组织优势，把党员群众组织起来，鼓励村民以承包地或自留地经营权、资金、资产、劳动力等方式出资入股，形成利益联结共同体。引导农村集体经济组织对内通过土地股份合作的方式聚集资源要素，对外通过产业项目与农业企业、农民专业合作社、供销合作社等经营主体开展合作或联合，探索发展多种形式的股份合作经营。二是探索集体经济多村联营制。试点探索党建帮带捆绑机制，强村带弱村、大村带小村，推动党建同联、发展共促。三是推动闲置农房盘活利用。鼓励村级集体以回购、入股等方式整合资源，储备、推出、盘活一批闲置农房。带动乡村旅游、文化创意、养生养老、农事体验等业态融合发展。加大政策扶持力度，通过金融支持、税收返还、示范创建等，吸引更多市场主体参与盘活利用。四是推行"飞地抱团"机制。明晰村级集体产权或股份归属，坚持市场化导向，实现统一规划、统一建设、统一经营、统一管理、收益归村。鼓励支持乡镇（街道）采用联合开发、抱团发展等模式，依托各类园区、特色小镇、小微企业创业园等平台，发展"飞地抱团"项目。

9.2.3 夯实壮大村级集体经济的人才基础

发展和壮大农村集体经济，村级班子建设至关重要。一是要推动"有人治村"向"能人治村"转变，选优配强村党支部书记、村委会主任，不拘一格把年轻、懂科技、善管理的高素质人才选配到村级领导岗位上来，使村级班子真正具备带领一方农民开拓创业，勤劳致富的能力，成为党在农村基层的坚强堡垒。对年轻干部中想法多，能干肯干，责任意识强，特别是满怀一腔热血，一心想带领群众发家致富，乡镇党委要积极地做好引导培养工作。二是加强村"两委"班子成员的培养教育。加强思想教育，更新观念，明确村级班子新时期工作职责，树立为民服务、清正廉洁的思想。加强村干部在市场经济条件下经营管理能力的培训，有计划有目的地组织到集体经济发展较快的典型地方考察学习，借鉴经验，因势利导，强身固本。三是探索建立"职业经理人"制度，聘请专业企业或职业经理人管理村级集体资源资产，待遇同资源资产增值收益挂钩，充分调动积极性。

9.2.4 优化完善政策支持

积极探索村股份经济合作社股东股权质押贷款融资，把有限的资产资源用起来，做大做强村级集体经济"蛋糕"，撬动集体经济增收新杠杆。通过注入产权抵押贷款风险补偿基金的模式，破解金融机构融资贷款问题，积极探索集体资产股权质押贷款办法，根据集体经济组织财务指标、财务制度、资产存量、资产质地等条件，组织开展赋予农民对集体资产股权抵押权、担保权试点，推动农村集体产权资源变资产、资金变股金、农民变股民，将股东手中的股权转化为可支配的金融资源。

9.2.5　加强农村集体经济组织规范运行

一是健全扶持壮大村集体经济考核指标体系，充分发挥考核"指挥棒"的作用，把扶持壮大村级集体经济情况，纳入县乡镇党委政府主要负责人和领导班子综合考核评价的重要内容，纳入县乡镇党委书记抓基层党建述职评议考核的重要内容，纳入村干部年度目标考核的重要内容，纳入"访惠聚"工作队传帮带年度考核的重要内容，督促村级集体经济合作社完善合作社成员合理取酬分红机制，严格考核，奖优罚劣，充分调动基层干部发展集体经济的积极性和主动性。二是结合实际制定村集体经济组织运行管理规定，健全组织机构、资产管理运营、财务管理、档案管理、监督管理等机制，发挥好集体经济组织在管理资产、开发资源、发展经济、服务成员、利益分配等方面的功能作用。三是在发展壮大村级集体经济中，应以完善制度、典型引导、工作交流为牵引，进一步完善相关制度，挖掘总结一批先行试点村的经验，每年组织协调县市、乡镇、村的同志到援疆省市等地观摩培训、学习交流，逐步开阔思路眼界，以更好地促进工作。

9.2.6　规范"三资"管理，盘活农村资源要素

一是加快推进集体资产管理平台应用。充分发挥平台数据汇总、查询、监管作用，提升集体资产管理信息化、规范化水平。二是引导发挥农村集体经济组织功能，落实新颁发的《农村集体经济组织财务制度》，采取有效措施，推动村委会和村集体经济组织政经分离、账套分离，切实维护农民合法集体收益分配权。三是加强农村集体"三资"的监督管理。配备专门负责农村集体"三资"管理的业务人员，并定人定岗定职责，形成资金、资产、资源样样有人管，监督、管理、规范事事有人抓的规范化工作格局。督促各县市将集体"三资"全部纳入监管平台管理，动态做好村集体资产清产核资管理，管好用好农村资产，完善资产管理制度、流程、强化监督等工作措施，高效推进"三资"专项监督工作，不断壮

大村集体经济实力，促进农业和农村经济健康发展。四是积极利用数字化技术，提高集体资产管理的透明度，建立激发农民群众参与集体资产管理的激励机制，保障农民群众对集体经济组织收益分配的知情权、参与权、表达权和监督权。

9.2.7 抓住产权改革契机，不断发展壮大村集体经济

当前要充分利用好农村集体产权制度改革、农村土地制度改革成果，在促进集体经济发展中积极探索建立党组织领导机制、法人治理机制、经营运行机制、监督管理机制和权益分配机制，逐步提高村级集体经济可持续发展能力。在组织领导上，实行县市、乡镇、村分级负责制和以县为主体责任的工作机制，扶持村级集体经济的资金分配、项目审批、组织实施、监督管理"四权"到县。在工作重点上，应以增量扶弱提质为基本思路，尽可能地多争取中央支持，增大自治区、地区配套；确立差异化扶持政策导向，向集体较薄弱村倾斜，通过创新不断提高成效。大力推进集体产权制度改革，利用本村资源禀赋和发展优势，找准符合村情实际的发展模式，按照产业提升型、资产盘活型、资源开发型、项目带动型、为农服务型、多元合作型等一种或多种发展模式，充分盘活农村集体资产、资源要素，激发集体成员劳动力活力，不断增强村党组织"造血"功能，着力提升基层党组织引领带动、服务群众的能力，切实让广大人民群众共享发展收益和改革红利。

9.2.8 因地制宜，提升集体经济政地匹配度

各县市根据自身资源禀赋，因地制宜地探索村级集体经济发展思路与举措，形成农民积极参与、村级集体经济实力稳步壮大、农民稳定增收的良好局面。一方面，因地制宜发展特色产业。依据各地集体经济组织所拥有的资源、资产和资本的数量与质量，以农业和农产品加工为基础，按照单建、联建或"飞地"的模式，选择粮食、水果、蔬菜、养殖等具有比较优势的特色农业产业，做强地方特色，强化"疆字号"地域品牌。另

一方面，因地制宜盘活资源要素。盘活土地、人才、资本、数据、信息等多种要素，现已探索出特色产业、乡村旅游、资产盘活、资源开发、资本运营、物业服务、支部领办、村民合作、村企联合、联村共建 10 种新型集体经济发展模式。

9.2.9　推动农民参与，均衡各参与主体利益分配

增强农民内生动力：在尊重农民意愿的基础上，坚持维护农民权益，建立职业农民技能培训基地和红色教育培训基地。通过特色产业种植培训示范园、电商和新农人培训，加快培育新型职业农民，引导农民更好处理短期和长期利益。注重支持新型经营主体的发展壮大。深化"公司+合作社+基地"发展模式，培育有带动能力的农民专业合作社、家庭农场、专业大户等新型农业经营主体；拓展农民参与平台。选准符合资源禀赋、具有比较优势的产业方向，听取技术和经济专家意见，吸收农民意见，进行思想动员；找好经营主体。支持有条件的村庄培育经营主体，通过村集体领办、乡贤能人领办、农民自办等方式，建立专业合作社、市场化公司等，带动农民参与；走对发展路径。通过"公司+集体经济组织+农户"促进三产融合，延长农村经济、文化、生态价值链，提高附加值，使农业生产、农产品加工、乡村文化旅游有机贯通，为农民开拓农村电商、乡村养老、休闲农业等新的就业空间；优化农民参与收益。构建"公司+集体+农户"的"三重收益"分配机制，采取股权分红和产业项目收益，探索农民"保底收益+增值分红"的分配机制；探索成立各类风险保障金。设立政府性风险补偿保障金，推广特色农产品保险，降低集体与农户的经营风险。

9.2.10　合理分配新疆地方政府补贴资金

对涉农企业、新型农村集体经济组织、农户的补贴，以优化资金分配效率，并促进四方密切合作，推动新疆新型农村集体经济发展。在促进新疆地方经济发展的众多举措中，合理分配地方政府补贴是至关重要的一

环。这不仅有助于优化资源利用，还能够激发农村经济的活力，推动农民增收致富。因此，可以从多个方面来探讨如何更好地进行资金分配以促进新疆农村经济的发展。一是针对不同地区的特点和需求，地方政府应制定差异化的补贴政策。比如，在生态脆弱地区，可以加大补贴力度，鼓励农民转型发展生态农业，保护当地的生态环境；而对于经济欠发达地区，则可以重点扶持当地的特色产业，提升农民的收入水平。这种差异化的政策制定能够更好地满足各地区的实际需求，确保资源的合理配置和利用。二是为了提升农业生产的规模化和专业化水平，需要积极支持新型农村集体经济组织的发展。这包括鼓励农民通过合作社、农民专业合作社等形式组建集体经济组织，以提高农业生产的效益和竞争力。政府可以通过提供资金、技术支持、市场拓展等方式，帮助这些组织壮大规模，提高其经营效益，从而进一步推动农村经济的发展。同时，农村金融的支持也非常重要。建立健全的农村金融服务体系，加大对农村金融机构的支持力度，为农民提供更多元化、更便捷的金融服务，将有助于解决农户的资金周转困难，推动农村经济的持续增长。三是为了构建良性循环的农业产业链，需要加强政府、企业、科研机构和农民之间的合作。政府可以出台相关政策，鼓励企业增加对农产品的收购和加工投入，提高农产品的附加值；同时，加强与科研机构的合作，推广先进的农业技术，提升农产品的品质和产量。这种多方合作将有助于形成良性循环的农业产业链，促进农村经济的健康发展。综上所述，通过合理分配地方政府补贴、支持新型农村集体经济组织、加强农村金融支持以及推动多方合作促进农业产业链发展等一系列对策的实施，可以有效优化资金分配，促进四方合作，推动新疆农村经济的发展，实现经济可持续增长和农民稳定增收的目标。这些举措将为新疆地区的经济发展注入新的动力，促进农村经济的繁荣与进步。

9.2.11 激励新疆地方政府加大对新型农村集体经济体制发展监管力度

一是加强法律法规的制定和落实。针对新型农村集体经济体制发展中存在的问题，新疆地方政府可以加强相关法律法规的制定，并严格执行，以规范农村经济组织的行为，保障农民的合法权益。例如，可以制定相关的监管条例，明确各类农村经济组织的组织形式、经营范围和管理权限，建立健全监管机制，确保农村集体经济健康稳定发展。二是加强监督和评估机制的建立。新疆地方政府可以建立健全农村经济组织的监督和评估机制，加强对其经营活动的监督和管理。通过建立定期检查、年度评估等制度，及时发现和解决存在的问题，防止各类违法违规行为的发生。同时，还可以建立奖惩机制，对表现优秀、规范经营的农村经济组织给予奖励，对存在违法违规行为的组织给予相应处罚，以激励其自觉遵守法律法规，规范经营行为。三是加强信息化建设和技术支持。新疆地方政府可以加大对农村经济组织信息化建设的投入，推动农村经济组织运用先进技术手段提升管理水平和服务能力。例如，建立农村经济组织信息化管理系统，实现对其经营活动的实时监控和数据分析，为政府部门制定决策提供科学依据。同时，还可以加强对农村经济组织的技术培训和支持，提升其从业人员的专业素养和技术能力，促进农村经济的转型升级和可持续发展。四是加强宣传和引导工作。新疆地方政府可以通过开展各种形式的宣传活动，加强对新型农村集体经济体制发展政策的宣传和解释，引导广大农民积极参与其中。可以通过举办培训班、发布宣传资料等方式，向农村经济组织和农民普及相关政策法规和操作技巧，提升其对新型农村集体经济体制的认识和理解，增强其参与意识和积极性。同时，还可以加强对农村经济组织的引导和指导，帮助其树立正确的经营理念，规范经营行为，提升经济效益和社会效益。综上所述，通过加强法律法规的制定和落实、建立监督和评估机制、加强信息化建设和技术支持、加强宣传和引导工作等一系列具体举措，可以有效激励新疆地方政府加大对新型农村集体经济体制发展的监管力度，推动新疆农村经济的健康稳定发展。

9.2.12 发展新型农村集体经济，提升涉农企业的收益

在新疆的农村地区，发展新型农村集体经济并提升涉农企业的收益是

一项重要而具有挑战性的任务。一是可以鼓励农民组建合作社或农民专业合作社，以集体经营的方式提高农业生产效率。这些合作社可以整合资源，共同采购农业生产资料，统一销售农产品，并分享技术和经验。例如，在某个村庄，可以建立一个蔬菜合作社，农民共同种植、收获和销售蔬菜，通过规模化经营降低成本，提高收益。二是可以推动农村产业多元化发展，培育壮大特色产业，提升农产品附加值。例如，新疆地区的特色水果如葡萄、哈密瓜等在市场上有一定的竞争优势，可以通过加工、包装等方式提高附加值，拓展销售渠道，增加收益。同时，还可以发展乡村旅游、手工艺品制作等产业，吸引游客和消费者，促进农村经济多元化发展。三是应加强对农民的技术培训和信息服务，提升其经营管理水平和市场竞争力。通过举办农业技术培训班、组织专家指导、建立信息平台等方式，帮助农民了解市场需求、掌握先进的生产技术，提高农业生产效率和产品质量，从而提升收益。四是政府应加大对农村经济的扶持力度，制定有利于农民和农业企业发展的政策措施。这包括财政补贴、税收优惠、信贷支持等方面的政策支持，为农村经济发展营造良好的政策环境。同时，还应加强对农村土地、水资源等要素的保护和管理，保障农业生产的可持续发展。综上所述，通过发展新型农村集体经济，提升涉农企业的收益，可以促进新疆农村经济的发展，改善农民生活水平。这些举措既有利于提高农业生产效率和产品质量，又有利于拓展农产品销售渠道和增加农民收入，具有重要的现实意义和发展潜力。

9.2.13 增加新疆新型农村集体经济组织收益，推动其壮大农村集体经济发展

一是可以通过提供资金支持和政策激励，鼓励和引导农村集体经济组织转型升级，提高经济效益。政府可以设立专项资金，用于支持农村集体经济组织的技术改造、设备更新和产业升级，以提高生产力水平和产品质量。同时，可以给予税收优惠、财政补贴等政策支持，降低其经营成本，增加盈利空间。例如，可以为农村合作社购买先进的农业机械设备提供补

贴，以提高农业生产效率和收益。二是可以促进农村集体经济组织与现代商业模式的融合，拓展销售渠道，提高产品附加值。可以鼓励这些组织与电商平台合作，开展农产品网上销售，拓展市场覆盖面，增加销量。同时，还可以引入农产品品牌化、地理标志认证等措施，提升产品的知名度和竞争力，从而提高销售价格和利润。例如，可以帮助农村合作社建立自己的品牌形象，推出具有地方特色和优质保障的产品，吸引更多消费者。三是应该加强对农村集体经济组织成员的技术培训和管理指导，提升其经营管理水平和创新能力。可以通过开展专业培训课程、邀请行业专家进行指导、建立经验分享平台等方式，帮助了解市场需求，掌握先进的生产技术和管理经验，提高组织的整体竞争力。例如，可以组织培训班培训农村合作社成员的市场营销技能，帮助更好地开拓市场，增加销售额和利润。四是政府应加大对农村集体经济组织的政策支持力度，为其发展提供更加稳定和可持续的政策环境。可以进一步完善相关法律法规，明确支持政策的具体措施和实施路径，为农村集体经济组织的发展提供法律保障和政策支持。同时，还应加强对农村集体经济组织的监管和服务，及时解决在生产经营过程中遇到的问题和困难，保障其正常运营和发展。例如，可以建立农村集体经济组织发展专门机构，负责统筹协调各方资源，提供政策咨询和业务指导，为其提供更加便捷和高效的服务。综上所述，增加新疆新型农村集体经济组织的收益，并推动其壮大农村集体经济发展，需要政府、企业和社会各界的共同努力。通过以上举措的实施，可以促进新疆农村经济的健康发展，提高农民收入水平，实现农村全面小康的目标。

9.3 研究展望

综合来看，尽管本书常识性地研究了乡村振兴背景下新疆新型农村集体经济发展的影响效应，并就其新型农村集体经济发展的内在逻辑进行了分析。与此同时，对新疆新型农村集体发展的多元参与主体的合作行为进行了演化博弈理论分析，即构建了四方演化博弈模型，并对其仿真分析，厘清了新疆地方政府、涉农企业、新型农村集体经济组织和农户在新型农村集体经济发展过程中的行为演化轨迹，得出了相关结论，丰富了既有关于区域新型农村集体经济的相关研究，也为对接"十五五"规划中提升政府经济治理能力关于新疆新型农村集体经济发展资源高效配置提供参考意义。但不可否认，本书依然存在一定的局限或不足，存在有待改善之处，为后续研究提供了方向。具体而言，一是在引导新疆新型农村集体经济发展的政策梳理方面，虽然梳理了部分政策的具体措施，但并未将政策具体措施所取得的成效进行对应分析，这可能会导致不能够全面地判断政策资源投入具体情况，也造成了后续的对策建议不够全面。二是虽然构建了四方演化博弈模型，但在仿真部分，仿真参数并未全部参照新疆现实进行赋值，导致仿真结论可能存在一定的偏误。三是研究内容的局限性，本书并未对新疆新型农村集体经济发展产生的福利溢出效应进行分析和验证，因此未来可以对此进行展开研究，这对改善新疆居民生活水平存在显著意义，有利于促进以人为本的新型合作模式发展，以保持农民生产活力。因此，未来可从上述不足之处继续展开研究，为促进新疆地区经济高质量发展做出推动性贡献。

参考文献

[1] 苑鹏，刘同山．发展农村新型集体经济的路径和政策建议——基于我国部分村庄的调查［J］．毛泽东邓小平理论研究，2016（10）：23-28.

[2] 李天姿，王宏波．农村新型集体经济：现实旨趣、核心特征与实践模式［J］．马克思主义与现实，2019（02）：166-171.

[3] 张弛．中国特色农村新型集体经济的理论基础、新特征及发展策略［J］．经济纵横，2020（12）：44-53.

[4] 高鸣，芦千文．中国农村集体经济：70年发展历程与启示［J］．中国农村经济，2019（10）：19-39.

[5] 余丽娟．新型农村集体经济：内涵特征、实践路径、发展限度——基于天津、山东、湖北三地的实地调查［J］．农村经济，2021（06）：17-24.

[6] 江宇．党组织领办合作社是发展新型农村集体经济的有效路径——"烟台实践"的启示［J］．马克思主义与现实，2022（01）：126-132.

[7] 芦千文，杨义武．农村集体产权制度改革是否壮大了农村集体经济——基于中国乡村振兴调查数据的实证检验［J］．中国农村经济，2022（03）：84-103.

[8] 周笑梅，杨露露，陈冬生．乡村振兴战略背景下推进新型农村

集体经济发展研究［J］．农业经济，2024（02）：45-46.

［9］左双双，蔡海龙．新型农村集体经济赋能乡村振兴：历史沿革、逻辑理路与路径优化［J］．农业经济，2023（12）：36-39.

［10］王贝．乡村振兴视域下新型农村集体经济发展路径探析［J］．农业经济，2023（12）：48-49.

［11］屈虹．乡村振兴背景下我国新型农村集体经济发展的路径探析——评中国社会科学出版社《乡村振兴战略与新型农村集体经济》［J］．价格理论与实践，2023（10）：223.

［12］李晓．乡村振兴背景下新型农村集体经济发展路径探析——评江西教育出版社《新型农村集体经济振兴之路》［J］．价格理论与实践，2023（09）：214.

［13］张洁．新时代我国乡村振兴研究——《乡村振兴战略与新型农村集体经济》［J］．商业经济研究，2023（17）：193.

［14］刘儒，郭提超．新型农村集体经济促进乡村全面振兴的内在逻辑与路径优化［J］．西北农林科技大学学报（社会科学版），2023，23（06）：28-40.

［15］徐丽姗，杜恒志．全面推进乡村振兴视域下发展新型农村集体经济的困境、成因与对策分析［J］．云南财经大学学报，2023，39（08）：101-110.

［16］张绘．以新型农村集体经济推动乡村产业振兴［J］．人民论坛，2023（11）：65-68.

［17］周文，李吉良．乡村振兴与新型农村集体经济：难题破解与实现路径探析［J］．福建论坛（人文社会科学版），2023（06）：16-30.

［18］朱婷，夏英，孙东升．新型农村集体经济组织实施乡村产业振兴的主要模式及路径［J］．农业经济，2023（05）：31-33.

［19］韩育哲．乡村振兴背景下的新型农村集体经济发展路径探析［J］．贵州社会科学，2023（04）：154-160.

［20］李晓华，王稳，朱颜．乡村振兴背景下我国村级集体经济发展

路径研究［J］. 农业经济，2022（11）：36-39.

［21］丁生忠. 农村集体产权制度改革推动乡村振兴的实践与探索［J］. 学术交流，2022（10）：123-133+192.

［22］王立胜，张弛. 新型农村集体经济：中国乡村的新变革［J］. 文化纵横，2021（06）：41-53+158.

［23］陈继. 新型农村集体经济发展助推乡村治理效能提升：经验与启示［J］. 毛泽东邓小平理论研究，2021（11）：10-16+108.

［24］王思斌. 乡村全面振兴与乡村集体性的发展［J］. 北京大学学报（哲学社会科学版），2021，58（04）：5-17.

［25］崔超. 发展新型集体经济：全面推进乡村振兴的路径选择［J］. 马克思主义研究，2021（02）：89-98.

［26］李文钢，马良灿. 新型农村集体经济复兴与乡土社会重建——学术回应与研究反思［J］. 社会学评论，2020，8（06）：58-68.

［27］贺卫华. 乡村振兴背景下新型农村集体经济发展路径研究——基于中部某县农村集体经济发展的调研［J］. 学习论坛，2020（06）：39-46.

［28］周静. 多主体参与农村闲置宅基地有效利用的动力机制研究［J］. 农村经济，2023（09）：31-39.

［29］王蔷，温国强，张兴月. 农村集体经济组织促进共同富裕的演化分析与实现路径［J］. 农村经济，2023（08）：14-24.

［30］黄小勇，邹伟，李世成，查育新. 数字化产村融合激活农村闲置资源的演化博弈行为研究［J］. 中国软科学，2023（07）：151-167.

［31］龚燕玲，高静，刘畅. 新型农村集体经济发展的逻辑进路与案例剖析［J］. 农林经济管理学报，2023，22（04）：478-486.

［32］孙凌云. 农村集体经济组织成员资格认定的立法路径选择［J］. 河南财经政法大学学报，2023，38（02）：36-46.

［33］刘立刚，廖倩凯，刘烨斌，欧阳春荣. 高标准农田建设项目三方演化博弈与仿真研究［J］. 农林经济管理学报，2022，21（03）：

298-309.

[34] 房绍坤，宋天骐．"化外为内"与"以特为基"：农村集体经济组织治理机制的方法论建构［J］．探索与争鸣，2022（01）：119-128+179．

[35] 李武，钱贵霞．农村集体经济发展助推乡村振兴的理论逻辑与实践模式［J］．农业经济与管理，2021（01）：11-20．

[36] 郭永沛，贺一舟，梁湉湉，冯长春．集体土地建设租赁住房试点政策研究——以北京市为例［J］．中国软科学，2020（12）：94-103．

[37] 孟祥林．耕者"有其田""享其权""享其富"的内涵解析与实现形式——基于帕累托效率改进理论的思考［J］．内蒙古社会科学，2020，41（02）：127-134．

[38] 顾海蔚，宋宏．集体土地作价入股农业特色小镇路径演化分析［J］．数学的实践与认识，2019，49（13）：73-82．

[39] 戴青兰．农村土地产权制度变迁背景下农村集体经济的演进与发展［J］．农村经济，2018（04）：42-48．

[40] 张勇．农民工退出宅基地的意愿、诉求及引导建议［J］．中州学刊，2018（03）：45-50．

[41] 曹飞．基于演化博弈的建设用地集约利用制度研究［J］．重庆大学学报（社会科学版），2018，24（01）：1-10．

[42] 程晓波．土地征收中的利益失衡与均衡：一个分析框架［J］．学术月刊，2016，48（11）：84-94．

[43] 赵茜宇，王义发，张占录．不完全信息动态博弈视角的农村土地征收治理路径优化［J］．西北农林科技大学学报（社会科学版），2016，16（02）：29-34．

[44] 方江涛．农村集体建设用地配置模式及利益相关者行为探索［J］．社会科学家，2016（03）：66-70．

[45] 刘靖羽，尹奇，陈文宽．集体建设用地流转中集体经济组织行为分析——基于鹰鸽博弈理论［J］．四川农业大学学报，2015，33（04）：

458-463.

　　[46] 王欢，杨学成．城乡统一建设用地市场中农村集体经济组织与政府博弈分析 [J]．科学决策，2015（07）：37-49.

　　[47] 袁爽，王占岐，金贵．基于农户视角的土地流转风险博弈分析 [J]．湖北农业科学，2014，53（15）：3716-3720.

　　[48] 丁同民，孟繁华．我国农地非农化收益分配中的博弈分析 [J]．河南社会科学，2014，22（01）：71-77.

　　[49] 罗淼，赵俊．我国农村集体土地征收中的利益博弈及其法律规制 [J]．科学·经济·社会，2012，30（02）：161-165+172.

　　[50] 李启宇．基于城乡统筹的农地流转利益主体博弈分析 [J]．农业经济，2011（12）：69-71.

　　[51] 梁昊．中国农村集体经济发展：问题及对策 [J]．财政研究，2016（03）：68-76.

　　[52] 李韬，陈丽红，杜晨玮，等．农村集体经济壮大的障碍、成因与建议——以陕西省为例 [J]．农业经济问题，2021（02）：54-64.

　　[53] 陈秀萍．东北地区农村集体经济组织推动"三农"发展的方向及路径选择 [J]．东岳论丛，2022，43（10）：115-124.

　　[54] 刘子平，魏宪朝．新时期影响我国农村集体经济组织发展的制约因素及其策略选择 [J]．安徽农业科学，2008（20）：8826-8829.

　　[55] 郭方方．农村集体经济股利分配影响因素实证研究——基于210个村4年的集体经济数据 [J]．会计之友，2017（07）：20-25.

　　[56] 张婷，张安录，邓松林．农村集体建设用地市场效率测度及其影响因素研究——基于广东省南海区372份数据的供给侧实证分析 [J]．中国人口·资源与环境，2018，28（12）：115-123.

　　[57] 张瑞涛，夏英．农村集体经济有效发展的关键影响因素分析——基于定性比较分析（QCA）方法 [J]．中国农业资源与区划，2020，41（01）：138-145.

　　[58] 楼宇杰，张本效，王真真．村级集体经济经营性收入影响因素

分析——基于浙江省金华市的调查数据 [J]. 浙江农业大学学报，2020，32（08）：1506-1512.

[59] 王小清，吕晓庆，宋玉兰. 新疆农村集体产权制度改革实践与探索 [J]. 农业展望，2020，16（08）：58-64.

[60] 刘浩，吕杰，韩晓燕. 农村集体经济发展的驱动因素、实现路径及替代机制——基于 186 个文献案例的模糊集定性比较分析 [J]. 湖南农业大学学报（社会科学版），2021，22（03）：32-41.

[61] 李泓波，邓淑红. 农村集体经济发展影响因素探究——基于东西部案例对比分析 [J]. 湖北农业科学，2021，60（15）：148-151+156.

[62] 谢宗藩，肖媚，王媚. 农村集体经济组织嬗变：嵌入性视角下发展动力机制变迁 [J]. 农业经济问题，2021（12）：92-103.

[63] 沈秋彤，赵德起. 中国农村集体经济高质量发展区域差异研究 [J]. 数量经济技术经济研究，2022，39（02）：43-63.

[64] 杨权，张江峰. 乡村振兴背景下农民参与农村集体经济股份合作制改革积极性研究——基于四川省德阳市的调查 [J]. 中国农业资源与区划，2023，44（03）：205-212.

[65] 徐亚东，张应良. 农村集体经济增长的理论条件、现实约束与政策启示 [J]. 农村经济，2022（10）：1-9.

[66] 邓枭铭，赵飞. 农村集体经济组织收入影响因素研究——基于辽宁省 L 市的调查数据 [J]. 农业经济，2022（12）：37-39.

[67] 张淑辉，朱旺波. 组态视角下农村集体经济发展的驱动因素研究——基于 fsQCA 的分析 [J]. 山西农经，2023（09）：22-25.

[68] 兰丽君. 山西省新型农村集体经济发展影响因素研究 [J]. 山西农经，2023（19）：74-77.

[69] 段诗杰，黄宜，龙蔚. 西部欠发达地区新型农村集体经济发展影响因素及实现路径研究——基于 fsQCA 方法的分析 [J]. 云南农业大学学报（社会科学版），2023，17（06）：38-45.

[70] 李荣强，陈轩，施龙中. 共同富裕背景下农村集体经济收入增

长的影响因素——来自文献研究与实地调研的证据［J］. 山西农业大学学报（社会科学版），2023，22（06）：62-70.

［71］沈敏. 乡村振兴背景下合作社在农村集体经济发展中的影响分析——以无为市为例［J］. 中国集体经济，2023（36）：1-4.

［72］许泉，万学远，张龙耀. 新型农村集体经济发展路径创新［J］. 西北农林科技大学学报（社会科学版），2016，16（05）：101-106.

［73］屠霁霞. 抱团发展模式促进农村集体经济发展——基于浙江的经验分析［J］. 河南社会科学，2021，29（01）：42-48.

［74］郝文强，王佳璐，张道林. 抱团发展：共同富裕视阈下农村集体经济的模式创新——来自浙北桐乡市的经验［J］. 农业经济问题，2022（08）：54-66.

［75］刘晓玲. 新型农村集体经济：核心要义、实践模式和经验启示——基于湖南省部分村庄的调查［J］. 湖南行政学院学报，2022（03）：132-137.

［76］倪坤晓，高鸣. 面向2035年的新型农村集体经济：内在逻辑和动态趋势［J］. 华中农业大学学报（社会科学版），2022（05）：68-77.

［77］温铁军，罗士轩，马黎. 资源特征、财政杠杆与新型集体经济重构［J］. 西南大学学报（社会科学版），2021，47（01）：52-61.

［78］陆雷，赵黎. 从特殊到一般：中国农村集体经济现代化的省思与前瞻［J］. 中国农村经济，2021（12）：2-21.

［79］李巧巧. 数据产权的分配正义及其制度实现——基于马克思的产权论与正义观［J/OL］. 行政法学研究，1-14［2024-03-11］.

［80］王文臣，刘会强. 论马克思的共同富裕思想及其当代中国实践［J］. 东岳论丛，2023，44（12）：80-88.

［81］钟沛芳. 新型农村合作经济组织法地位及合作经济组织发展路径研究［J］. 农业经济，2020（10）：69-70.

［82］王耀德，马玲兵. 百年来中国共产党合作社理论发展历程、特

点与启示［J］.江西财经大学学报，2021（06）：3-12.

［83］陈欣.企业社会责任模仿机制中的同群效应研究［J］.科学决策，2023（10）：53-70.

［84］吴冰，张佳敏，贾榕榕等.乡村旅游推动居民角色认同与可持续生计互动机理研究——以咸阳市袁家村和马嵬驿为例［J］.西南大学学报（自然科学版），2023，45（06）：125-139.

［85］曾恒源，高强.新型农村集体经济的三重困境与破解路径：理论逻辑和案例证据［J］.经济学家，2023（07）：118-128.

［86］叶翔凤.基于农村集体产权制度改革视角的发展农村集体经济的思考［J］.湖北社会科学，2020（09）：55-60.

［87］陈蕾，姚兆余.嵌入性视角下新型农村集体经济发展的实践机制——基于浙江省G村的案例分析［J］.中国农业大学学报（社会科学版），2023，40（05）：24-39.

［88］张育瑄.共同富裕目标下我国民族地区发展新型农村集体经济的进路［J］.黑龙江民族丛刊，2023（04）：66-73.

［89］陈全功，程蹊.中国共产党治理农村集体经济的策略［J］.中南民族大学学报（人文社会科学版），2022，42（03）：85-91+184.

［90］马桂萍，崔超.改革开放后党对农村集体经济认识轨迹及创新［J］.理论学刊，2019（02）：40-46.

［91］彭涛.国家对农村集体经济监管的法律责任［J］.法律科学（西北政法大学学报），2023，41（06）：128-137.

［92］韩松.论农村集体经济组织法人的特别性及其立法意义［J］.中国社会科学院大学学报，2023，43（08）：23-41+148.

［93］朱睿博，孙春林.新型农村集体经济创新发展与金融支持：实践案例、问题及建议［J］.西南金融，2023（12）：54-66.

［94］王洪平.发展新型农村集体经济应当坚守的法治底线［J］.理论学刊，2023（03）：150-158.

［95］张国清，张瑞.乡村振兴背景下农村集体经济组织会计制度变

迁与改进 [J]. 会计与经济研究, 2023, 37 (02): 48-63.

[96] 曹斌. 日本农村集体经济组织的历史演进与多样化实现方式研究 [J]. 中国农村经济, 2023 (04): 164-184.

[97] 曹银山. 新型集体经济必然助推农民农村共同富裕吗? ——基于 "竞争性—共享性" 的理论框架 [J/OL]. 当代经济管理, 1-10 [2024-03-11].

[98] 王禾, 宗成峰. 新型农村集体经济与乡村治理的互动耦合关系探析 [J]. 农业经济, 2024 (01): 65-68.

[99] 葛宣冲. 欠发达地区新型农村集体经济发展: 理论内涵与实践创新 [J]. 现代经济探讨, 2023 (12): 117-125.

[100] 高强, 崔文超. 从封闭到开放: 城乡融合发展进程中的新型农村集体经济 [J]. 南京农业大学学报 (社会科学版), 2023, 23 (05): 2-12.

[101] 周振. 新型农村集体经济发展调研 [J]. 宏观经济管理, 2023 (10): 42-49+67.

[102] 郑瑞强, 刘烨斌, 张宜红等. 发展农村集体经济的政经分离探索及路径优化 [J/OL]. 农业现代化研究, 1-10 [2024-03-11].

[103] 李立周. 乡村特色经济发展的现实障碍与化解机制 [J]. 农业经济, 2024 (02): 47-49.

[104] 郭晓鸣, 张耀文. 新型农村集体经济的发展逻辑、领域拓展及动能强化 [J]. 经济纵横, 2022 (04): 87-95.

[105] 许中波. 乡村振兴进程中农村集体经济模式推广的情境与逻辑——基于叙事建构的政策过程反思 [J]. 河海大学学报 (哲学社会科学版), 2023, 25 (04): 54-66.

[106] 何旭开, 董捷. 农村土地保障模式创新: 保障与效率共赢 [J]. 经济体制改革, 2008 (02): 93-96.

[107] 王晓霞, 蒋一军. 中国农村集体建设用地使用权流转政策的梳理与展望 [J]. 中国土地科学, 2009, 23 (04): 38-42.

[108] 胡功民. 发展壮大村级集体经济 [J]. 党建研究, 2010 (05)：50-51.

[109] 孔祥智, 魏广成. 组织重构：乡村振兴的行动保障 [J]. 华南师范大学学报（社会科学版）, 2021 (05)：108-122+207.

[110] 邢磊, 王盈盈. 借势而为：资源困境下社会组织何以发展？——以西部地区 Z 文化机构为例 [J]. 青海社会科学, 2023 (04)：135-147.

[111] 郑世忠, 谭前进, 赵万里. 辽东山区新型农村集体经济可持续发展研究 [J]. 农业现代化研究, 2023, 44 (02)：285-294.

[112] 郑永君, 李春雨, 刘海颖. 旅游驱动的三产融合型乡村振兴模式研究——基于共享发展理论视角的案例分析 [J]. 农业经济问题, 2023 (06)：97-110.

[113] 张先贵. 社区性市场主体：农村集体经济组织的角色定性 [J]. 安徽师范大学学报（人文社会科学版）, 2024, 52 (01)：79-89.

[114] 王兆峰, 张青松. 乡村振兴背景下旅游型传统村落人居环境有机更新过程与机制——以湖南省十八洞村为例 [J/OL]. 经济地理, 1-16 [2024-03-11].

[115] 汪倩倩. 共同富裕导向下新型农村集体经济何以冲破藩篱？[J]. 现代经济探讨, 2023 (12)：110-116.

[116] 马良灿. 重新找回村落集体经济 [J]. 河海大学学报（哲学社会科学版）, 2020, 22 (05)：83-90+109.

[117] 宗成峰, 李明. 党建引领新型农村集体经济发展：基本逻辑、现实困境与实践进路 [J]. 理论视野, 2020 (09)：81-85.

[118] 王同昌, 赵德莉. 新时代村级党组织政治功能的内涵及提升路径 [J]. 中共天津市委党校学报, 2023, 25 (06)：13-21.

[119] 杨红娟, 王玥, 林琳. 乡村振兴背景下农民专业合作社高质量发展评价与区域动态演进研究 [J/OL]. 昆明理工大学学报（自然科学版）, 1-15 [2024-03-11].

［120］姚毓春，杨玉前．东北率先实现农业现代化的优势、困境及路径［J］．学习与探索，2024（02）：90-97+185+176.

［121］郑淋议，钱文荣．农民农村共同富裕的制度供给研究［J］．经济社会体制比较，2024（01）：84-93.

［122］彭澎，吴敏慧，张龙耀．财政金融协同支持村级集体经济发展的理论逻辑与实现机制——基于江苏兴化"兴村易贷"的案例研究［J/OL］．农业经济问题，1-14［2024-03-11］．

［123］梅维佳．农村集体经济组织法人的内在逻辑与制度表达［J/OL］．华中农业大学学报（社会科学版），1-10［2024-03-11］．

［124］何得桂，韩雪．引领型协同治理：脱贫地区新型农村集体经济发展的模式选择——基于石泉县"三抓三联三保障"实践的分析［J］．天津行政学院学报，2022，24（04）：67-77.

［125］李佼瑞，韩皙．西部地区新型农村集体经济发展的内在逻辑、现实困境与路径探析［J］．西安财经大学学报，2023，36（05）：81-91.

［126］王镜淳，穆月英．新型农村集体经济的韧性建构及其治理逻辑——来自晋南蒲县的经验［J］．农业经济问题，2023（08）：99-112.

［127］郑家喜，卫增，尤庆南等．发展特色农业产业壮大新型农村集体经济的理论逻辑、实践样态以及优化路径：以新疆为例［J］．华中农业大学学报，2023，42（05）：269-281.

［128］管珊．党建引领新型农村集体经济发展的实践逻辑与效能优化——基于鲁中典型村的历时性探讨［J/OL］．中国农村观察，2024（01）：146-160［2024-03-11］．

［129］刘晴，卢凤君，李保明等．县域共同富裕与中国式现代化的路径模式研究——来自浙江山区共同富裕示范区县域样板缙云县的证据［J］．中国软科学，2024（S1）：441-453.

［130］陈健．新发展阶段新型农村集体经济促进农民共同富裕研究［J］．马克思主义研究，2022（12）：54-64.

［131］李红杰，刘俊奇．新型农村集体经济特征、存在问题及优化

策略［J］.农业经济，2023（05）：34-36.

　　［132］钟真，廖雪倩，陈锐.新型农村集体经济的市场化经营路径选择：自主经营还是合作经营［J］.南京农业大学学报（社会科学版），2023，23（05）：13-25.

　　［133］毛铖，曹迎新.农村宅基地制度改革研究的回顾与展望［J/OL］.中南民族大学学报（人文社会科学版），1-9［2024-03-11］.

　　［134］邓悦，肖杨，许弘楷.新型农业经营主体对劳动力流动的影响效应［J/OL］.华中农业大学学报（社会科学版），1-15［2024-03-11］.

　　［135］徐鹏杰.新型农村集体经济、产业融合发展与农民农村共同富裕［J］.财经科学，2023（12）：68-81.

　　［136］樊祥成，许英梅.乡村振兴与中国式现代化：内在逻辑、历史任务与实践要求［J］.理论学刊，2024（01）：32-40.

　　［137］张应良，郑景露，徐亚东.中国农村减贫经验与成就的理论解释——基于"有效市场—有能集体—有为政府"框架的分析［J］.学术界，2024（01）：57-72.

　　［138］赵志业，张丹阳.共同富裕视域下乡村文化共同体建设的困境与路径［J/OL］.西北农林科技大学学报（社会科学版），1-7［2024-03-11］.

　　［139］王修华，魏念颖.农村集体经济融资困境及破解思路［J/OL］.农业经济问题，1-17［2024-03-11］.

　　［140］陈晓枫，钱翀.新型农村集体经济推进乡村治理现代化的机理与现实路径［J］.当代经济研究，2024（01）：46-56.

　　［141］王喜.创新发展新型农村集体经济的战略构想与政策优化［J］.农业经济，2023（01）：48-50.

　　［142］张锦兰，何湾.新型农村集体经济促进农民共同富裕的内在逻辑与路径选择［J］.探索，2023（06）：134-146.

　　［143］匡远配，彭凌凤.新型农村集体经济的共同富裕效应［J］.西

北农林科技大学学报（社会科学版），2023，23（02）：16-22.

［144］隗苗苗，张汝立．从保护到支持：中国失地农民政策的转型［J］．中国特色社会主义研究，2013（03）：71-76.

［145］高鸣，魏佳朔，宋洪远．新型农村集体经济创新发展的战略构想与政策优化［J］．改革，2021（09）：121-133.

［146］李雅娟，魏小文．拉萨市农村集体产权制度改革的路径分析［J］．西藏民族大学学报（哲学社会科学版），2023，44（06）：94-100.

［147］黎莉莉，胡晓群，高静．传统与新型农村集体经济的制度比较及其治理取向［J］．南方经济，2023（11）：1-18.

［148］高强，孔祥智．拓宽农村集体经济发展路径的探索与实践——基于四川彭州小鱼洞镇"联营联建"模式的案例分析［J］．东岳论丛，2020，41（09）：162-171+192.

［149］宋志红．论农民集体与农村集体经济组织的关系［J］．中国法学，2021（03）：164-185.

［150］谢文帅．建设农业强国：内涵要义、衔接机理与实践路径［J］．经济学家，2023（09）：108-118.

［151］Phelps S, Parsons S, Mcburney P. An Evolutionary Game-theoretic Comparision of Two Double Auction Market Designs ［J］. Lecture Notes in Computer Science, 2004（3435）：101-114.

［152］Ficici S G, Pollack J B. A Game-Theoretic Memory Mechanism for Coevolution ［C］//Proceedings of the 2003 International Conference on Genetic and Evolutionary Computation：PartI. Springer-Verlag, 2003.

［153］Phelps S, Parsons S, Mcburney P. An Evolutionary Game-Theoretic Comparison of Two Double-Auction Market Designs ［M］. Berlin：Springer, 2005.

［154］Dickson E S. Expected Utility Violations Evolve under Status-based Selection Mechanisms ［J］. Journal of Theoretical Biology, 2008, 254（03）：650-654.

［155］Kara S，Martins N C. Pairwise Comparison Evolutionary Dynamics with Strategy－Dependent Revision Rates：Stability and Delta－Passivity（Expanded Version）［J］. Population and Evolution，2021（06）：138-147.

［156］吕丹，薛凯文. 农村集体经营性建设用地入市收益的分配演化博弈：地方政府角色与路径［J］. 农业技术经济，2021（09）：115-128.

［157］赵勇，慕良泽. 农村土地利益分配的失衡与均衡——"地利共享"框架下耕地征收案例研究［J］. 农业经济问题，2023（01）：108-119.

［158］胡彩娟，倪建伟. 基于演化博弈的农村产权市场协同发展策略［J］. 甘肃社会科学，2022（04）：215-226.

［159］赵哲耘，刘玉敏，梁晓莹等. 考虑内部人吹哨的产品质量监管四方演化博弈［J］. 中国管理科学，2024，32（02）：43-53.

［160］徐妍，郑冠群，沈悦. 地方政府间环境约束目标竞争：理论分析与实证检验［J］. 生态经济，2024，40（02）：201-211+229.

［161］韩正涛，张悟移. 农业科技协同创新中涉农企业间知识共享机制的演化博弈分析［J］. 农林经济管理学报，2020，19（01）：55-66.

［162］李美娆，曲丽丽. 新型农业经营主体融资约束纾解机制的演化博弈研究——基于农业供应链金融视角的讨论［J］. 金融理论与实践，2023（09）：59-73.

［163］刘发蔚，赵奕钧，姜军松. 中国农地制度变迁的演化博弈与政农互动［J］. 统计与决策，2023，39（12）：172-176.

［164］王越，曾先，刘钊宇等. 辽宁省耕地非粮化时空分异及其决定因素——多元利益主体决策的作用［J］. 资源科学，2023，45（05）：980-993.

［165］胡耀岭，荀月康. 征信服务平台奖惩机制下小微企业融资三方演化博弈及仿真分析［J/OL］. 征信，2024（02）：24-30［2024-03-11］.

［166］李煜，王腾飞，周欢等. 政府奖惩机制下港口危化品物流监

管的三方演化博弈研究 [J]．工业工程，2024，27（01）：137-144+154．

[167] 于丹，王斯一，张彩虹等．电厂和政府行为策略演化博弈与仿真研究——基于农林生物质与煤耦合发电产业发展视角 [J]．北京林业大学学报（社会科学版），2024，23（01）：62-70．

[168] 陈媛媛，赵晴．多主体互动视角下数据要素市场参与主体的策略选择研究 [J]．图书情报工作，2024，68（01）：50-64．

[169] 李敏，冯月，唐鹏．农村宅基地退出农户满意度影响因素研究——基于四川省典型地区的调研数据 [J]．西部论坛，2019，29（05）：45-54．

[170] 袁云志，刘平养．新村民的进入对农村社区的影响——以上海市岑卜村为例 [J]．复旦大学学报（自然科学版），2023，62（02）：238-247．

[171] 银元．乡村旅游合作社运营风险特征、防控机制与政策建议 [J]．农村经济，2023（03）：135-144．

[172] 马晓茗，张安录．农户征地补偿满意度的区域差异性分析 [J]．华南农业大学学报（社会科学版），2016，15（06）：58-69．

[173] 程子良，杨余洁，高鹏等．农户参与耕地保护经济补偿政策的响应状态及影响因素——成都市双流县与崇州市的实证 [J]．资源开发与市场，2015，31（03）：269-273．

[174] 汪文雄，李敏，余利红等．农地整治项目农民有效参与的实证研究 [J]．中国人口·资源与环境，2015，25（07）：128-137．

[175] 郭君平，曲颂，夏英等．经济学视角下农民政治参与态度与行为选择偏差分析 [J]．中国农村经济，2017（12）：18-32．

[176] 倪冰莉．村民参与集体经济股份合作制改革的意愿分析 [J]．河南农业大学学报，2019，53（03）：488-494．

[177] 陈卡迪，毛薇．农业共享经济背景下消费者参与社区支持农业意愿及影响因素的实证研究 [J]．东北农业科学，2020，45（01）：124-128．